邢红霞◎著

法律援助制度研究

FALÜ YUANZHU ZHIDU YANJIU

中国政法大学出版社

2021·北京

图书在版编目（C I P）数据

法律援助制度研究/邢红霞著.—北京:中国政法大学出版社,2021.10
ISBN 978-7-5764-0142-4

Ⅰ.①法…　Ⅱ.①邢…　Ⅲ.①法律援助－司法制度－研究－中国
Ⅳ.①D926.04

中国版本图书馆 CIP 数据核字(2021)第 208635 号

出　版　者　　中国政法大学出版社
地　　　址　　北京市海淀区西土城路 25 号
邮寄地址　　北京 100088 信箱 8034 分箱　邮编 100088
网　　　址　　http://www.cuplpress.com (网络实名：中国政法大学出版社)
电　　　话　　010-58908586(编辑部) 58908334(邮购部)
编辑邮箱　　zhengfadch@126.com
承　　　印　　固安华明印业有限公司
开　　　本　　880mm×1230mm　1/32
印　　　张　　6.125
字　　　数　　180 千字
版　　　次　　2021 年 10 月第 1 版
印　　　次　　2021 年 10 月第 1 次印刷
定　　　价　　36.00 元

前　言 PREFACE

　　法律援助起源于 15 世纪的欧洲，在国外得到充分发展。相较于一些发达国家，我国引入法律援助较晚，但法律援助制度在我国发展较为迅速。由于我国法治社会建设脚步加快、经济快速发展，公民法律需求日益增长，法律援助事业不断完善。依据我国已经加入的国际条约以及"尊重与保护人权"的理念，我国的法律援助事业得到了国家和社会的大力支持，尤其是 2003 年颁布实施的《法律援助条例》和 2018 年修改的《刑事诉讼法》推进了法律援助制度的建立与完善，使我国的法律援助事业走向新的历史进程。事物总是不断发展的，法律援助在中国发展的二十余年里，从概念的提出到制度的建立，再到体制的完善，在中国大地上焕发生机。但这一制度同样存在着诸多问题亟待解决，如何对法律援助进行准确定位并切实保障其实施仍需进一步研究。本书通过历史、实证、比较等方法对法律援助的有关理论和实际问题进行了分析和探讨。

　　本书共分为四个部分详细展开，先从法律援助的基础理论入手，再回顾我国法律援助制度的发展历程，进而探究法律援助制度的现存问题，最后提出其解决方案，以对我国法律援助制度的完善提出建议。具体包括：

　　第一章为法律援助基础理论。主要是对法律援助基础概念的讨论，结合对法律援助结构要素的解析，进而分析法律援助的价值和功能。具体而言，随着法律援助的不断发展，法律援助制度在不同国家法律制度下得以建立和完善，对于法律援助这一基本概念，世界各国的规定存在一定区别，我国学者也有着不同的观点。其次，通过对法律援助结构要素进行分析，笔者将法律援助定义为由国家主导，律师、公证员、基层法律工作者等法律服务人员参与实施，为确需法律服务但因各种因素无法获得法律服务的贫者、弱者、残疾人以及特殊案件当事人提供减免费用的法律服务的一项法律救济制度。最后，根据不同的标准又可以对法律援助进行分类，将其划分为刑事法律援助、民事法律援助和行政法律援助或政府法律援助和民间法律援助或律师提供的法律援助、公证人员提供的法律援助和其他法律服务人员提供的法律援助等。此外，法律援助的功能包括保障功能、弥补功能和资源再分配功能。法律援助的价值包括法治价值、平等价值和公正价值。

　　第二章为我国法律援助制度的发展历程。笔者将法律援助制度的发展划分为三个阶段。第一阶段为1992年至2002年，这一时期我国法律援助制度处于萌芽探索阶段，从1992年武汉大学成立"社会弱者全力保护中心"到各省法律援助机构的建立，法律援助在机构建设、制度建设和业务开展等方面都取得了长足发展。第二阶段为2003年至2011年，是我国法律援助制度的建立完善阶段，具有承上启下的重要作用。这一时期，《法律援助条例》颁布实施、法律援助的案件质量和社会效果不断提升，法律援助制度的有关理论得到深入研究。第三阶段为2012年至今，我国法律援助制度正式形成并不断完善，法律援助工作在全国有序开展，形成了较好的社会影响，并成为保障公民基本权利的重要手段，为法律援助制度的深化发展奠定了坚实基础。在此基础上，笔者对我国法律援助制度进行了剖析，总结其发展特点主要为由点及面、借鉴吸收和因地制宜。

　　第三章为我国法律援助制度亟待完善之处。我国法律援助制度发展迅速，但在实践中存在着各种各样的问题。一是法律援助立法不足的问题；二是法律援助资源不足的问题；三是法律援助范围不合理的问题；四是法律援助案件的质量问题；五是法律援助制度管理的体制问题。

　　第四章为我国法律援助制度完善之对策。通过第三章对法律援助制度现存问题的梳理，笔者结合我国法律援助事业的特点，针对五个方面的问题分别提出相应对策。第一，立法不足问题要从法律援助立法的必要性、指导方向和具体事项入手，结合当前立法工作进展与域外立法经验加以解决。第二，针对法律援助资源不足问题要实现加大财政投入和购买法律服务相结合，合理配置资源与引入社会力量相协调，从根本上解决资源不足问题。第三，案件质量问题首先要从援助律师队伍建设出发，加强案件质量评估，建立法律援助案件监督体系，以提高法律援助案件质量。第四，解决法律援助范围不合理问题，要扩大法律援助对象范围，尽可能为更多的公民提供法律援助服务，同时完善值班律师制度，使法律援助更好地在刑事诉讼过程中发挥作用。第五，对于法律援助管理体制和机构设置问题，一是要统一法律援助机构体系的设置模式，二是要合理配置法律援助的职权归属。

目 录 CONTENTS

第一章
CHAPTER 01

法律援助基础理论

第一节　法律援助的概念

在我国，法律援助概念是舶来品。法律援助起源于 15 世纪的英国，其英语表述为"Legal Aid"，即法律帮助或法律援助。我国司法部于 1994 年第一次提出要建设中国特色法律援助制度，开启了我国对于法律援助的探索。法律援助的概念是研究法律援助制度的基石，是立法的基本问题，同时也是最基本的理论问题，只有清楚界定了法律援助的概念，才能保障法律援助立法的科学性和有效性。但同时，由于各国的法律文化、法律制度存在差异，学者们对于法律援助的概念众说纷纭。作为一项实体法律制度，法律援助必然有其法学理论的支撑，主要表现在人权保障、司法公正、社会稳定等方面。

一、法律援助概念的各种观点

广义上的法律援助是指一切法律上的帮助、扶助。随着法律援助的不断发展，法律援助制度在不同国家的法律制度下得以建立和完善，对于法律援助这一基本概念，世界各国的规定存在一定区别，我国学者从不同角度对法律援助的概念进行了阐明。

（一）我国学者的观点

自 1994 年司法部提出建设中国特色法律援助制度以来，我国学界对于法律援助的研究不断深入。我国 2003 年颁布的《法律援助条例》和有关现行法并未对法律援助的概念作出专门定义。1997 年司法部发布的《关于开展法律援助工作的通知》（已失效）对法律援助有这样一段论述："法律援助是指在国家设立的法律援助机构的指导和协调下，律师、公证员、基层法律工作者等法律服务人员为经济困难或特殊案件的当事人给予减、免收费提供法律帮助的一项法律制度。"中共中央办公厅、国务院办公厅于 2015 年联合发布的《关于完善法律援助制度的意见》也对法律援助概念作出了定义："法律援助是国家建立的保障经济困难公民和特殊案件当事人获得必要的法律咨询、代理、刑事辩护等无偿法律服务，维护当事人合法权益、维护法律正确实施、维护社会公平正义的一项重要法律制度。"

我国学界对于法律援助概念的争论则主要集中于责任主体、实施主体和对象等方面。

首先，根据法律援助的责任主体不同，分为单一责任主体说和复合责任主体说。单一责任主体说是指法律援助仅是一种国家责任，国家是开展法律援助的责任主体，独立承担着开展法律援助的责任义务。如复旦大学法学院教授章武生在《中国律师制度研究》一书中认为："法律援助是指当事人确需法律服务，却又无力支付律师费用，由国家负责为其提供法律帮助的制度。"[1] 此外，有学者认为："法律援助制度，是指国家在司法制度运行的各个环节和各个层次上，对因经济困难及其他因素而难以通过通常意义上的法律救济手段保障自身基本社会权

---

〔1〕 章武生：《中国律师制度研究》，中国法制出版社 1999 年版，第 5 页。

利的弱者，减免收费提供法律帮助的一项法律保障制度。"〔1〕多元责任主体说则认为，国家并非法律援助的唯一责任主体，其所发挥的是指导、指挥作用，而并不独立承担开展法律援助的责任义务，社会力量在法律援助中也承担部分责任。如贾午光认为："法律援助的提供者包括政府和非政府组织，最好把两者结合起来，吸纳多种服务提供者能使法律援助计划更接近推广司法公正的目标。"〔2〕

其次，根据法律援助实施主体的不同，分为实施主体多元说和实施主体单一说。实施主体多元说就是将法律援助的主体定义为律师、公证员、基层法律工作者等法律服务人员。如付少军等学者将法律援助定义为："法律援助是指在国家和社会共担责任的前提下，由国家设立法律援助专门机构，组织律师、公证员、基层法律工作者等法律服务人员为经济困难或特殊案件当事人给予减免收费、提供诉讼或非诉讼法律帮助的一项法律救济制度。"〔3〕而实施主体单一说则是把法律援助的主体仅定义为律师，但显然，这种观点与我国官方对于法律援助的定义存在矛盾，在我国法律援助制度的语境下不具有可适性。

最后，根据法律援助对象的不同将法律援助分为单一对象说和复合对象说。单一对象说将法律援助的对象定为"穷人"，即无力聘请律师者。如部分学者认为："平民之法律扶助，乃对无力聘请律师之诉讼当事人，予以免费为法律上之扶助，而维护其合法之权益。"〔4〕复合对象说则认为，法律援助的对象不仅

---

〔1〕　张耕主编：《法律援助制度比较研究》，法律出版社1997年版，第10页。

〔2〕　贾午光主编：《国外境外法律援助制度新编》，中国方正出版社2008年版，第164~172页。

〔3〕　付少军、刘燕玲主编：《法律援助理论与实务》，中国检察出版社2013年版，第4页。

〔4〕　蒋耀祖：《中美司法制度比较》，商务印书馆1976年版，第230页。

包括"穷人"还包括"特殊案件当事人"。如陈小鲁认为："我国的法律援助是国家根据宪法法规建立的一项重要法律制度，其目的是使弱势群体人员和特殊案件当事人获得必要的法律咨询、代理、调解、仲裁、刑事辩护等无偿的司法服务红利，最大限度地保护涉案当事人的合法权益不受或少受损害。"[1]曾任最高人民法院院长的肖扬对法律援助概念的界定也属于法律援助对象多元化观点："法律援助是国家以制度化、法律化的形式，为贫者、弱者和残疾者提供法律帮助。换句话说，为经济上贫穷、智能上低下、生理上残缺而需要法律援助帮助的人，提供免费或减少收费的法律服务，以实现法律赋予公民的平等权利。"[2]

（二）域外有关观点

基于社会发展状况不同，各个国家的社会制度也有所差别，对于法律援助概念的规定显然不尽相同。如法律援助的起源地英国的《简明不列颠百科全书》称："法律援助是指法律上对诉讼案件中在伸张正义和维护权利的困难者予以援助的社会制度。"与大多数发达国家不同，该观点将法律援助的对象定义为难以伸张正义、维护权利者，而其他国家则主要从经济层面来确定法律援助的对象。如法国民事法律对法律援助的定义为："给予因收入不足，基本无法行使诉讼权利的人的一种利益。"《牛津法律词典》关于"法律援助规则"的词条也体现了这一点规定："法律援助是指律师从公共基金中提取费用并对无力负担诉讼的民事当事人和刑事被告人提供法律帮助。"

---

〔1〕 陈小鲁："农村法律援助的现状与对策"，载《人民论坛》2016 年第 2 期，第 120 页。

〔2〕 张耕主编：《中国法律援助制度诞生的前前后后》，中国方正出版社 1998 年版，第 40 页。

与我国同处亚洲的国家对法律援助概念的定义与上述国家存在着一定区别。如《日本民事法律援助法》第2条明确规定："本法所称民事案件法律援助服务，是指公民因经济困难不能负担因准备和进行法庭上的民事案件、家事案件或行政案件的法律程序而发生的必要费用，或因负担该费用可能导致严重的经济困难而提供的服务。"《韩国法律援助法》第2条规定："本法中的'法律援助'是指为了达到第1条规定的宗旨，由律师或《公设律师法案》规定的公设律师提供的法律咨询、诉讼代理和所有与法律事务有关的其他形式的支持。"

第二节　法律援助概念的结构要素

对法律援助概念的准确界定需要从法律援助的构成要素角度进行具体分析。就当前我国学界对于法律援助概念的分歧，需要从主体、客体、对象和援助方式四个方面对法律援助进行剖析。

一、法律援助的主体

法律援助的主体主要可以分为法律援助的责任主体和法律援助的实施主体。

法律援助的责任主体指承担建设法律援助制度的责任、参与法律援助工作的主体。法律援助从公民的角度来看，是法律赋予公民的一种权利，体现着"法律面前人人平等"的宪法精神。从国家角度分析，法律援助当然地属于国家义务的一部分，是保障司法公正的必然举措。因此，国家在法律援助中的责任主体角色毋庸置疑。例如，美国曾在2010年修订的《美国法律服务公司法》中明确规定了国家的法律援助责任，对法律援助服务的基础、内容、意义以及独立性等问题作出了规定。[1]《日本综合法律援助法》在第 8 条中对"国家责任"进行了规定："国家应当依照第二条中规定的基本理念，负责就综合法律援助实施及制度完善并实施综合措施。"此外，陈光中等学者认为："法律援助制度是国家在司法运行中对因经济困难或者其他因素而难以通过一般的法律救济手段保障自身权利的社会弱者提供法律帮助的一项法律保障制度。法律援助是一种国家行为，由政府代表国家设立的法律援助机构在国家强制力保证下组织实施，是现代法治社会要求国家承担的一种重要责任，体现了国家对公民应尽的义务。"[2]显然，各国法律都确认了法律援助的国家责任性质，国家无疑是法律援助的责任主体。但公民社会在法律援助制度中是否承担一定的责任呢？

在国家责任理念下，政府义务是国家责任理念的首要实施主体与功能负载平台。政府承担建立、实施和完善法律援助制度的主体任务，但社会参与不能缺位。[3]国家虽然在法律援助中承担着主要责任，发挥着领导指挥的重要作用，但社会力量参与对法律援助的重要性不能忽视。法律援助在其出现之初，本质上就是一种彰显民主与人权的慈善行为，通过对未购买法律服务的犯罪嫌疑人、被告人提供法律帮助来体现社会对于司

---

〔1〕《美国法律服务公司法》第 1001 条（2996）规定："（1）我国的国家有必要为寻求不公平救济的个人提供获得公平的司法制度的机会。（2）有必要为不能以其他方式支付法律顾问费用的人提供高素质的法律帮助，并进一步发展现有的重要的法律服务项目。（3）为因经济困难而不能支付足够的法律顾问费用的人提供法律帮助，是最符合司法目的的，并且有助于为低收入阶层提供更多符合本目的的机会。（4）对于我们多数公民而言，能够获得法律帮助可以坚定对我们法治的信念。（5）为使法律服务项目顺利开展，必须使之不受政治压力的影响，或被其利用。"

〔2〕 参见陈光中、张益南："推进刑事辩护法律援助全覆盖问题之探讨"，载《法学杂志》2018 年第 3 期，第 1~2 页。

〔3〕 樊崇义编著：《法律援助制度研究》，中国人民公安大学出版社 2020 年版，第 27 页。

法的一种贡献。同时，在当前发达国家的法律援助制度中，社会力量（如慈善机构、律师团体和高校）为法律援助事业的发展提供了极大的资源支持，解决了法律援助资源不足的问题。

因此，将法律援助的责任主体仅定为国家显然是忽视了社会力量对法律援助制度的重要贡献。笔者认为，法律援助应当是国家和社会的共同责任，应在国家的领导指挥与社会力量的配合参与下，发挥其保障人权的作用。

法律援助的实施主体即具体开展法律援助工作的个人或团体。对于法律援助的实施主体，学界的主要分歧在于实施主体是否只局限于律师。根据司法部对法律援助的定义，法律援助的实施主体包含了律师、公证员、基层法律工作者等，律师在法律援助的实施主体中扮演着主力军的角色，承担着为需要法律援助的弱势群体提供辩护与法律帮助的责任。

但同时我们也应注意到，法律援助实施主体的多元化趋势正在愈发明显。如我国正在开展的值班律师制度、法律诊所制度，越来越多的社会力量开始加入法律援助工作。同时，各地法律援助机构的基层法律工作者也在法律援助工作的具体实施中发挥着重要的作用。

因此，法律援助的实施主体不应只限于律师团体，更应包含参与法律援助工作的基层工作者和公证员等。上述对法律援助实施主体的界定是结合我国法律援助的实际工作提出的，部分域外国家将律师作为法律援助的唯一实施主体是基于其特定的法治环境，结合本国特定的法律援助制度界定的，在我国法律援助的实践中并不适用。

二、法律援助的客体

法律援助的客体即法律援助制度所要保护的法益，即公民的受法律援助权。在现代法治社会中，接受法律援助应当是公民的一项基本权利。法治的基本内涵应包括平等保护所有人的法律权利，有效获得司法正义的权利是最基本的要求，也是法治的根本要素。"获得司法正义的权利"的首要目标是帮助贫困和边缘化的公民以及弱势群体克服在面对法律和权力时所经常遇到的困难和障碍，通常是指获得法律服务和诉诸法院的权利。因此，法律援助是当今世界各国保护公民获得司法正义权利的主要途径。

公民获得法律援助的权利作为法律援助的客体，其根本目的是实现对公民权利的平等保护。同时，它也是实施主体通过各种法律援助的方式对受法律援助对象的一种实际作用。据此，笔者认为，法律援助的客体是公民的受法律援助权。

三、法律援助的对象

法律援助的对象即符合获得法律援助条件的人。对于具备何种条件才能成为法律援助的对象，学界存在着单一对象说和复合对象说。单一对象说仅仅将法律援助的对象界定为"穷人"，即没有经济能力获取律师服务的人。复合对象说则认为法律援助的对象不仅包括"穷人"还包括"特殊案件的当事人"。

实际上，法律援助的最早雏形是系基于人天性中的"同情弱者"而产生，在任何制度、任何时期下，穷人往往都是社会中的弱者，其自然应当成为法律援助的主要对象。但对于社会公民而言，法律援助却不单单是出于经济原因，许多其他因素也应成为得到法律援助的条件。如美国法律援助制度中部分民间法律援助机构，根据援助对象的不同为特定的人群（如儿童、老人、移民等）提供法律援助，以期使每个需要得到法律援助的公民都能够找到不同的组织寻求帮助。又如我国《刑事诉讼法》第 35 条规定："犯罪嫌疑人、被告人因经济困难或者其他原因没有委托辩护人的，本人及其近亲属可以向法律援助机构提出申请。对符合法律援助条件的，法律援助机构应当指派律师为其提供辩护。犯罪嫌疑人、被告人是盲、聋、哑人，或者是尚未完全丧失辨认或者控制自己行为能力的精神病人，没有委托辩护人的，人民法院、人民检察院和公安机关应当通知法律援助机构指派律师为其提供辩护。犯罪嫌疑人、被告人可能被判处无期徒刑、死刑，没有委托辩护人的，人民法院、人民检察院和公安机关应当通知法律援助机构指派律师为其提供辩护。"此外，《法律援助条例》还规定了刑事被害人可以申请法律援助的两种情形：一是公诉案件中的被害人及其法定代理人或者近亲属，自案件移送审查起诉之日起，因经济困难没有委托诉讼代理人的；二是自诉案件的自诉人及其法定代理人，自案件被人民法院受理之日起，因经济困难没有委托诉讼代理人的。因此，根据我国的相关法律规定，"特殊案件当事人"明确地被纳入了法律援助的对象范围。

虽然经济能力不足是公民不能获取法律服务、实现自己诉讼权利的主要原因，但在一些特殊案件中，当事人因为身体机能或其他原因不能及时获得有关的法律服务，同样需要国家社会帮助其实现诉讼权利，维护司法正义。因此，法律援助的对象应包含"穷人""弱势群体"和"特殊案件的当事人"。

四、法律援助的方式

法律援助的方式是指实施法律援助的具体方式，通常包括诉讼方式和非诉讼方式。诉讼方式是指为符合法律援助条件者提供免费的律师诉讼服务，非诉讼方式即为被援助者提供法律咨询、法律意见等服务。

显然，诉讼方式应属于法律援助的主要方式，但对于非诉讼方式是否应被纳入法律援助方式的范围则存在争议。如日本《新法律学辞典》对法律援助作如下解释："法律援助是指法律上对诉讼案件中伸张正义和维护权利的困难者予以援助的社会制度。"该观点认为，法律援助是指仅在诉讼案件中对"困难者"予以援助。而我国学者则指出："提供法律援助主要采用以下形式：法律咨询、代拟法律文书、提供法律意见；刑事辩护和刑事代理；民事诉讼代理；行政诉讼代理；非诉讼法事务代理；公证证明等。"[1]

实际上，诉讼方式确实是法律援助服务中的主要部分，但对于法律知识储备有限的公民而言，提供法律咨询、代拟法律文书等服务对他们有着重大的帮助。同时，根据我国有关法律援助的规定来看，法律援助制度是在诉讼援助和非诉讼援助结合的基础上开展工作，发挥作用。

界定法律援助之概念，必须要对其性质作出定义。通过上述四个角度的辨析，进而深入剖析法律援助的基本概念及构成。首先，国家为了促进社会公平正义以及维护司法公正、社会稳定、人权保障等价值而将法律援助制度化、法律化，具有法律援助主要责任主体的地位，同时，社会、律师团体也需要承担必要的责任义务。其次，法律援助工作的开展不能仅依靠律师行业，基层法律工作者、公证员等都需要积极参与到法律援助工作之中。再次，法律援助的目的是保护公民的基本权利，其所针对的援助对象不能仅限于"穷人"，而应包含"弱者""特殊案件的当事人"。最后，法律援助开展的方式应是诉讼与非诉讼相结合，在诉讼的各个环节、各种程序中对受援者给予帮助。

---

〔1〕 参见付少军、刘燕玲主编：《法律援助理论与实务》，中国检察出版社2013年版，第4页。

据此，笔者通过比较分析法，最终将法律援助定义为：由国家主导，律师、公证员、基层法律工作者等法律服务人员参与实施，为确需法律服务但因各种因素无法获得法律服务的贫者、弱者、残疾者以及特殊案件当事人提供减免费用的法律服务的一项法律救济制度。

第三节　法律援助的学理分类

法律援助的学理分类就是按照不同标准对法律援助进行划分，进而更为深刻地剖析法律援助的真正内涵。从不同的角度将法律援助进行不同的分类，也有助于进一步深入研究法律援助的概念内涵。

一、根据法律援助案件类型进行分类

根据法律援助所涉及的案件类型，可以将法律援助划分为刑事法律援助、民事法律援助和行政法律援助。刑事法律援助是指针对刑事案件开展的法律援助，包括刑事诉讼代理、刑事辩护、法律咨询等。民事法律援助是指针对民事案件所开展的法律援助，主要是针对请求给付赡养费、抚养费、扶养费、请求支付劳动报酬、主张见义勇为行为产生的民事权益等法律事项开展的法律援助。行政法律援助指只能针对有关行政案件开展的法律援助，包括就请求给予社会保险待遇或者最低生活保障待遇、请求发给抚恤金、救济金、请求国家赔偿等法律事项提供的法律援助。

二、根据援助组织主体进行分类

根据法律援助的组织主体不同，法律援助可分为政府法律

援助和民间法律援助。政府法律援助是指由政府设置专门机构，利用行政职权组织公证员、律师或基层工作者为经济困难等其他社会弱势群体免费提供法律服务，或者是由政府履行行政职责，购买私人法律服务免费向经济困难者以及特殊刑事案件中的当事人等其他弱势群体提供法律帮助和服务。①政府法律援助的法律援助方式需要通过政府履行行政职责设立的援助机构，为受援对象提供民事仲裁、诉讼代理、免费法律咨询、刑事辩护代理、公证代理、代写法律文书等服务。②政府提供的法律援助需要政府设立专门机构组织和实施相关援助工作并承担机构的办公经费和支付私人律师的办案补贴等各种费用。③政府法律援助的援助对象是特定的，并非每个人在任何情况下都能够获取。④政府法律援助的启动程序较为特殊。民间法律援助是由除政府外的其他社会团体或私人组织通过某种组织运行形式为特定区域、特定行业的穷困群体或其他社会弱势群体免费给予法律服务。第一，民间法律援助相对于政府法律援助而言方式更为灵活，不会受到政府部门的直接管理和政府法律援助受案范围的限制。第二，民间法律援助具有公益性，其志愿者为受援人提供法律援助，不在政府法律援助规定的规制之下。第三，民间法律援助的宗旨较为多样。不同的社会组织有不同的设立目标和事业追求，各自擅长的领域也各不相同，依据各具特色的指导原则运作，所以社会团体或私人组织在从事法律援助活动中的目的及基本指导原则就会表现出多样化的特点。

三、根据法律援助实施主体进行分类

根据提供法律援助的实施主体不同，法律援助可分为律师提供的法律援助、公证人员提供的法律援助和其他法律服务人员提供的法律援助。首先，在律师提供的法律援助中，律师是依法取得律师执业证书为国家认可的法律服务人员，各国对律师的执业条件要求一般较高，律师不但要精通法律而且应具备一定的诉讼技能，由律师提供法律援助，一般来说可以保证提供法律服务的质量。法律援助较发达的国家一般把法律援助的主体定为律师，在坚持法律援助主体多元化的国家，律师提供的法律援助占主导地位。其次，对于公证人员提供的法律援助，公证人员主要对法律事实及行为的真实性和合法性进行证明。根据 1997 年 11 月 16 日司法部《关于开展公证法律援助工作的通知》（已失效）的规定，司法部已把公证人员纳入法律援助的主体，具有突出的中国特色，体现了我国法律援助制度建立初期充分利用法律服务资源的指导思想。最后，除了律师、公证人员以外，其他人所提供的法律援助主要是指基层法律服务人员提供的法律援助。法律院校的师生自愿提供的法律援助等。它有利于化解现阶段我国法律援助主体资源不足与法律援助服务需求日益增长的矛盾。

四、根据法律援助范围进行分类

根据提供法律援助的范围不同，法律援助可分为诉讼法律援助和非诉讼法律援助。诉讼法律援助是指在诉讼领域内提供的法律服务，它包括刑事诉讼法律援助、民事诉讼法律援助、行政诉讼法律援助。刑事诉讼涉及对人身自由的限制和对生命权的剥夺，鉴于此，大多数国家对刑事诉讼法律援助的建设比较重视，在法律援助资金的投入上也占较大的比重。民事诉讼法律援助是在民事诉讼过程中为经济困难者提供的法律援助，民事诉讼法律援助随着权利保护观念的日益增强而受到重视。行政诉讼法律援助是在行政诉讼中为经济困难者提供的法律援助，虽然目前行政诉讼法律援助相对于前两种法律援助而言所处地位并不突出，但随着依法行政观念的深入，行政诉讼法律援助在法律援助制度中的地位日益重要。非诉讼法律援助相较于诉讼法律援助更为广泛，如代写法律文书、提供法律意见等。随着法律援助的发展，非诉讼法律援助呈扩张趋势，非诉讼法律援助的扩张有利于预防诉讼纠纷的发生。从价值取向上来看，非诉讼法律援助的扩张有利于法律援助安定功能的实现。

五、根据法律援助作用进行分类

根据提供法律援助作用的不同，法律援助可分为积极法律援助和消极法律援助。积极法律援助，如解答法律咨询等，能节约法律服务资源，更好地维护受援人的权利，应为我们所倡导。消极法律援助，又被称为处理型法律援助，它具有被动性，为了解决纠纷相应地需要投入法律援助资源，它所耗费的成本较积极法律援助高。在解决纠纷过程中，除了耗费法律援助资源外，当事人本人也要耗费一定的物力、人力资源。消极法律援助的缺陷非常明显，应尽量减少消极法律援助，变被动为主动，大力开展积极法律援助。

六、根据法律援助模式进行分类

根据提供法律援助模式的不同，法律援助可分为专职律师模式、私人法律援助和混合模式。专职律师模式是指由领取国家薪金的律师专门为符合法定条件的社会成员提供法律援助。私人律师模式是指由当事人按照自身意愿选择私人律师而进行法律援助，如英国的法律援助、加拿大的"司法保护体系"。在混合模式中既有专职律师提供法律援助，又有私人律师提供法律援助。

七、根据法律援助资金来源渠道进行分类

根据提供法律援助资金的来源渠道不同，法律援助可分为福利型法律援助、政府和社会结合型法律援助。在福利型法律援助的国家中，法律援助的资金绝大部分由国家提供，实行该类型法律援助要求国家财力较为充裕。与此相对，实行政府和社会结合型法律援助的国家，法律援助的资金来源包括政府财政拨款和社会捐款。

八、根据法律援助对象进行分类

根据提供法律援助对象的不同，法律援助可分为向自然人提供的法律援助和向法人提供的法律援助。对于经济困难确需律师帮助的自然人，可向其提供法律援助，向符合条件的自然人提供法律援助，这是国际社会的共识。我们要认真分析研究援助对象的特点，以便能高效、快捷地提供法律援助。在向法人提供的法律援助中，法人能否成为法律援助的对象，是理论界争论的焦点问题。我国《律师法》并未将法人规定为法律援助的对象，但从理论研究的角度出发，向法人提供的法律援助具有一定的存在意义和研究价值。

第四节　法律援助的基本功能

功能通常是指事物或方法所发挥的有利作用，即事物的效能、功效。功能的词义包括：效能、功效；对象满足的属性；才能。《汉书·宣帝纪》说："五日一听事，自丞相以下各奉职奏事，以傅奏其言，考试功能。""功能"被解释为效能、功效。《现代汉语词典》将"功能"定义为："事物或方法所发挥的有

利的作用、效能。"例如，媒体的功能包括监测社会环境、协调社会关系、传承文化和提供娱乐。

从系统论的角度出发，功能是指有特定结构的事物或系统在内部和外部的联系和关系中表现出来的特性和能力。[1]结构是功能的基础，决定着功能。功能是结构的表现，同时反作用于结构。不同的结构基础决定着事物的不同功能，结构与功能之间的关系存在着同构同功、异构异功、异构同功和同构异功四种形式。

一、功能的分类

根据不同的分类方法，我们可以对功能进行分类。第一，按照功能性质，分为使用功能和品味功能。使用功能指具有物质使用意义的功能，通常具有客观性。品味功能指与使用者精神感觉、主观意识有关的功能，具有抽象性。第二，按照功能的重要程度，分为基本功能和辅助功能。基本功能是与对象的主要目的直接相关的功能。辅助功能是为更好地实现基本功能而服务的功能，是对基本功能起辅助作用的功能。[2]

此外，有学者根据功能对对象主要目的的正反作用，将功能分为积极功能和消极功能。积极功能是指事物所展现的促进目的实现的积极、正向作用。消极功能是指事物所展现的阻碍目的实现的消极、负向作用。例如，广告传播的积极功能是促进社会、个人的文化发展。其消极功能则包括传播虚假信息、污染环境、强化享乐和误导儿童等。

---

〔1〕 严励："刑事政策功能的科学界定和运行"，载《华东政法大学学报》2010 年第 6 期，第 20 页。

〔2〕 刘仲康、郑明身主编：《企业管理概论》，武汉大学出版社 2005 版，第 10 页。

对于是否存在积极功能与消极功能的分类学界仍存在争议。有学者认为，根据"功能"的本源意义，只有事物发挥有利的作用才符合功能的含义，而消极的作用不符合功能的含义。[1]但有的学者则持相反观点。例如，对于刑事政策的功能，刘仁文教授认为："那种认为'刑事政策的功能指的是刑事政策可能产生的积极作用'的观点并不妥当。功能作为一种客观存在，它既可能是积极的，也可能是消极的，因为积极与消极是一种主观评价，例如，某一项刑事政策的出台，突破了罪刑法定的原则，它带给法治的破坏作用是一种消极功能。"[2]笔者认为，功能是事物本身所具有的一种属性，是一个中性的概念，其是积极或消极应当体现在与外界发生关系后所产生的作用和效果上，其本身并不体现积极或消极的属性。例如，灯的功能是照明、笔的功能是书写。显然，刘仁文教授的观点未明确区分功能与作用的差别。

二、各位学者的观点

（一）樊崇义教授的观点

樊崇义教授主张法律援助主要有三方面的功能：保障人权、推进依法治国和国家治理现代化建设。[3]

人权保障功能是现代法律体系的终极使命。法律援助保障司法公正的作用体现在两方面：一是保障公民不受经济困难因素的影响，有权获得同等的法律服务与帮助，与其他公民平等地行使诉讼等权利；二是帮助犯罪嫌疑人、被告人获得有效辩

---

〔1〕 严励："刑事政策功能的科学界定和运行"，载《华东政法大学学报》2010 年第 6 期，第 20 页。

〔2〕 刘仁文：《刑事政策初步》，中国人民公安大学 2004 年版，第 150 页。

〔3〕 参见樊崇义编著：《法律援助制度研究》，中国人民公安大学出版社 2020年版，第 46 页。

护，平衡控辩双方的力量，保障审判程序的正当，防止出现冤假错案。对于法律援助推进依法治国的功能，樊崇义教授从四方面进行了论述：一是党和国家历来高度重视依法治国与法律援助工作的密切关系；二是法律援助制度是建立社会主义法治国家的必要条件之一；三是法律援助工作是体现社会主义制度优越性的崇高社会事业；四是法律援助制度在推进依法治国进程、维护困难群众合法权益、保障社会公平正义中具有重要地位和作用。促进国家治理现代化的功能表明法律援助制度是国家治理现代化的重要力量，其理论依据为：第一，法律援助制度的国家治理意蕴；第二，法律援助制度是国家治理现代化的有机内容；第三，法律援助的依法治理价值；第四，法律援助与现代政府智能转型的契合；第五，法律援助是维护社会安定有序的重要保障。

显然，樊崇义教授的观点是在结合我国法律援助制度的实践与相关文件的理论背景下提出的，具有鲜明的中国特色。但法律援助功能的界定应从整体角度出发，而不应单单从我国法律援助制度的视角出发。因此，笔者认为，樊崇义教授对法律援助功能的界定不具有概括性和普适性，不能清晰地表达法律援助在国家、社会中发挥的实际功效。

（二）张耕、宫晓冰等学者的观点

曾任司法部副部长的张耕主编的《中国法律援助制度的前前后后》一书对法律援助的功能进行了分析。

张耕认为，法律援助制度的创建，在司法制度上的意义在于它弥补了司法公正机制中的"短木板"缺陷，使有可能动摇"法律面前人人平等"的宪法原则的"制度真空"得到填充。[1]其认

---

〔1〕参见张耕主编：《中国法律援助制度诞生的前前后后》，中国方正出版社1998年版，第34页。

为可能影响司法公正的因素主要来自于三方面：其一，司法人员的个人不公正；其二，司法组织的不公正；其三，司法机制缺陷导致的不公正。而法律援助制度的功能正是弥补由司法机制缺陷带来的司法不公正。同时，由于经济资源占有的不均衡，占有经济资源多者必然处于有利地位。反之，经济困难者必然处于不利地位，这就会导致"法律面前人人平等"的宪法原则难以实现。而法律援助则发挥着实现"法律面前人人平等"原则的重要功能。

张耕是我国研究法律援助制度的先行者，其观点的提出远远早于我国法律援助制度的建立。因此，其观点仅仅是建立在对外国法律援助制度进行研究基础上的，是对法律援助制度的最初探索，对于法律援助制度的功能论述并不全面。笔者认为，法律援助制度在实践中确实能够发挥维护公平正义的积极作用，但若仅将其定义为功能，则容易将法律援助制度的功能与价值混淆。

（三）付少军、刘燕玲等学者的观点

付少军、刘燕玲两位学者在《法律援助理论与实务》一书中将法律援助的功能概括为人权保障功能、弥补功能、对法律服务资源的再分配功能和安定功能。

第一，法律援助的人权保障功能与法律援助的内涵是密不可分的。法律援助就是典型的人权工程，其实质是民生工程，可以帮助困难群众及时、有效地运用法律武器维护自身合法权益，依法解决就学、就业、就医、居住、养老等事关群众切身利益的问题。法律援助可以通过提供平等法律专业服务的机会，使其权利的平等实现得到保障，尤其是在刑事诉讼过程中和其他涉及人权的领域中，法律援助的人权保障功能更加凸显。

第二，弥补功能可以从两个方面来理解。一是法律援助弥补了法律制度的某种缺陷。"法律面前人人平等"的宪法原则赋予了公民平等权，而这些平等权的实现需要一系列具体制度加以落实。法律援助的建立，给经济困难者提供了无偿的法律服务，不但有助于消除经济上的困难，帮助经济上处于弱势的当事人，而且从法律制度的层面弥补了由经济不平等的矛盾所造成的缺陷。二是从司法公正层面上看，法律援助弥补了司法机制存在的某些缺陷。司法公正是诉讼的总价值目标，也是现代法治国家的重要标志。现代法治对于刑事审判公正原则的基本要求之一，"就是任何涉及对刑事被告人是否构成犯罪以及如何处罚的审判，都必须给予他充分的辩护权，包括保障其获得律师帮助的权利，没有律师辩护的刑事审判，在程序上不能说是公正的审判"。[1]因此，建立法律援助制度，为经济上确有困难的诉讼案件当事人提供法律服务，是弥补司法机制缺陷的重要措施之一。

第三，对法律服务资源再分配功能是为了解决律师服务本身的有偿性特点所带来的问题。律师服务的有偿性使法律服务资源流向在社会上具备一定经济条件的成员。在社会中，具备一定经济条件的成员能够凭借自己雄厚的经济实力享受社会法律服务资源。而法律援助通过为经济困难者提供无偿的法律服务，使法律服务资源流向的缺陷得到矫正，"贫穷"者的"平等""正义"能够得到合法维护，进而实现服务资源在所有社会成员之间的共享。

第四，安定功能则是解决基于贫困或其他特殊情况而在社会中处于弱势的群体因没有得到良好的法律机制救助，而使其合法权益得不到保护和实现的问题。法律援助制度作为一项专

---

〔1〕 转引自张耕主编：《法律援助制度比较研究》，法律出版社1997年版，第11页。

门保护弱者的法律制度，有利于把因经济困难和其他特殊原因未能纳入法律调整的社会关系重新纳入法治轨道，可以更加切实地维护弱势群体的合法权益，有效地避免新的社会矛盾甚至冲突发生。

（四）梁高峰教授的观点

梁高峰教授在《农村法律援助体系的创新和发展研究》一书中对法律援助的功能进行了阐述。他认为，法律援助是一项确保公民权利得到实现的重要措施。法律援助制度的建立是社会保障制度的完善，也是对人权保障机制的健全，既体现出和谐社会的构建、完善法制、保障人权，又体现出国家实现司法公正、维护社会稳定的有效举措。他将法律援助的主要功能概括为以下四点：

第一，扶助贫弱，保障人权的功能。由于经济不断发展，国家对公民权益的日益重视，大量的法律法规得以颁布，以明晰公民的各项政治、经济权利。当矛盾出现时，公民能够通过诉讼或非诉讼的方式来解决。但在现实中，公民实现法定权利的实际能力和法律条件存在较大差异，即个人实现权利、保障权利所能达到的效果并不能完全与法律赋予的相一致。因此，根据"法律面前人人平等"的宪法精神而建立的法律援助制度，可为贫弱群体提供法律帮助，保障其生存发展的权利，削减客观存在的不平等现象。

第二，推进诉讼进程、彰显司法正义的功能。法律援助制度是司法公正的助力器，是实现诉讼的添加剂，彰显司法公正的内在价值。诉讼的最高价值是司法公正的实现，这就需要有完善的法律制度、依法办事的高素质办案人员、享有充分的诉讼权利的双方当事人。要提升双方当事人的法律素质绝非一朝一夕可以完成的，但是相关法律援助在客观外力方面的加速推进，能使强弱差距缩小，进而达到势均力敌，使得双方都可以自由、平等地行使权利，最终实现公正裁决。

第三，均衡控辩、公正诉讼的功能。在刑事诉讼中，受害人的背后是国家刑侦机关的支持，公诉中则是由业务水平较高的专业公诉人员直接挑战被告人。相比之下，被告人和自由受到限制的犯罪嫌疑人则成了司法程序中的弱势群体。面对技巧娴熟的追诉，他们需要得到法律援助以充分行使申辩的权利，保障自身合法的权益。在民事诉讼中，诉讼的进行采取"谁主张，谁举证"的原则，但现实中原被告双方不总是势均力敌的平等，当一方处于弱势时，就需要相应的法律援助施以帮助。在行政诉讼中，应诉的行政机关处在被告地位，应诉的代理人主要是政府法制部门的专员。毋庸置疑，其法律素质和应诉水平优于起诉方的普通公民，更何况是经济困难、贫弱不济的弱势群体呢。

第四，消弭纷争，维护稳定。倚仗法律公正的裁决和强有力的执行力，受损者的利益得到补偿，侵害者的责任得以追究，良好的社会秩序得以维持。

三、法律援助功能探析

根据上述诸位学者的观点，我国学者普遍认可法律援助具有人权保障功能和弥补功能，在安定功能、资源再分配功能、推进依法治国和国家治理现代化建设的功能方面存在分歧。笔者认为，对法律援助功能的界定势必要从功能的角度出发对法律援助进行分析。

功能是指事物的效能、功效，与作用不同，功能本身不应具有积极或消极的属性，即功能需要与外界发生联系之后才能产生作用，继而收获积极或消极的效果。据此，笔者将法律援助功能概括为三个方面：一是保障功能；二是弥补功能；三是平衡功能。

（一）保障功能

法律援助产生于文艺复兴的时代背景之下，"人权"是这一时期的主题之一，法律援助的产生与人权有着天然的联系，保障人权显然是法律援助的首要功能。如今，作为公民基本权利的"人权"被规定在大多数国家的宪法之中，对人权的保护成了各国体现民主的重要方式，同时也成了法律援助制度蓬勃发展的重要原因。

实际上，法律援助的保障功能作用于两方面客体。一是对公民人权的保障，如我国法律援助制度对贫者、弱者诉讼权利的保障，防止公民因经济、身体上的缺陷导致诉讼权利无法实现。法律援助通过为贫者、弱者和特殊案件的当事人提供无偿的法律帮助，以实现法律援助的保障功能。二是对社会秩序稳定的保障功能。律师、法律服务者当然地需要一定的经济报酬，公民的经济基础往往决定着其所获得的法律质量，进而导致经济困难者无法获得合格的法律援助甚至出现没有诉讼代理人的情况。这样的局面极易使贫者、弱者丧失对国家司法制度的信心，出现对国家政权的不满与敌视，产生影响社会稳定的不安全因素。因此，为贫者、弱者提供无偿的法律援助，可以保障他们的基本诉讼权利，进而使之相信国家司法制度和社会公平正义，减少影响社会稳定的不安全因素，实现对社会秩序稳定的保障功能。

（二）弥补功能

法律援助的弥补功能主要作用于法律制度和司法机制中存在的缺陷。首先，从法律制度这个层面来理解，法律援助能弥补法律的某些缺陷。"法律面前一律平等"是宪法规定的一项基本原则，通过法律形式赋予公民平等权，而公民平等权的实现则需要具体制度加以落实，否则只会是"纸上谈兵"。随着法治的日益健全，市场经济的不断发展，社会公民所享有的政治权利、经济权利和其他社会权利越来越广泛。同时，随着社会的进步，法治文明的推进，社会成员的平等意识、法制观念日益增强，公民之间出现的各种权利纠纷必然会大量以诉讼和非诉讼的途径解决。但是，由于贫困的客观存在使得一部分社会成员因经济或其他因素，在遇到法律纠纷时无法请律师或其他法律服务人员，导致诉讼权利无法实现、社会矛盾加剧，这种矛盾体现为平等的法定权利与保障权利实现的经济条件之间的不适应，而法律援助的建立给经济困难的社会成员提供了无偿的法律服务，极大地缓解了这种矛盾。

其次，从司法公正的层面上来看，法律援助弥补了司法机制存在的某些缺陷。例如，刑事案件中的犯罪嫌疑人、被告人由于处于特殊地位，加上法律知识的缺乏、人身自由的限制以及心理上的恐吓，使得其自身无力很好地维护自己的合法权益，他们需要既掌握法律知识又有诉讼技能的律师给予帮助，但是某些经济困难的刑事案件犯罪嫌疑人、被告人请不起律师保护自己的合法权益，面对强大的控诉方，他们无法收集证据来举证并有力地发表自己的辩护意见。因而犯罪嫌疑人、被告人的辩护权得不到充分地行使，既不利于保护他们的合法权利，又不利于司法机关正确地定罪量刑。就刑事诉讼而言，对刑事被告人实施法律援助，是一个国家刑事司法公正的标志。同时，由于司法机关及其工作人员在行使职权时偶尔会存在滥用职权甚至非法行为，侵犯着特定当事人的合法权利，因此对这样的当事人给予法律援助也是弥补司法机制内部缺陷的重要途径。

（三）资源再分配的功能

法律援助的资源再分配功能主要是指对于法律资源的再分

配。如大多数国家的律师行业，律师的法律服务讲究的是"等价劳动相交换"的市场法则，以提供法律服务获取相应报酬。律师的性质决定了其工作的有偿性，也就是说，律师提供的法律服务绝大部分是收费的。律师服务的有偿性决定了律师服务资源必然向拥有一定经济能力的群体倾斜，导致贫穷者无法享受法律服务，不能实现基本权利。因此，社会需要一种制度来对法律资源进行合理的再分配。法律援助对贫穷者、弱者伸出援助之手，为贫穷者提供无偿法律服务可以使法律服务资源分配的缺陷得到矫正，使贫穷者的"平等""正义"能够得到和其他成员一样的合法保护，法律援助使法律服务资源在所有社会成员之间都能够得到共享。法律援助实质上是国家通过制度化的形式，对法律服务资源进行的再分配，以保障贫弱残疾者不因经济能力、生理缺陷所限而平等地获得法律帮助。

第五节　法律援助的主要价值

价值，即英文"value"。该词源自拉丁文，于 14 世纪出现在英文中。最初，该词几乎只与经济学和政治经济学有关，意指物的价格或凝结在商品中的无差别的人类劳动。19 世纪以后，价值一词被赋予了更多的含义，如在新康德主义者、叔本华、尼采的哲学中，价值的意义得到了发展，以价值为研究对象的学说即价值论开始得以系统发展，并提出了广义上的价值的概念。价值泛指人们认为是好的东西，某种因为其自身的缘故而值得估价的东西，这种东西具有人所欲求的、有用的、有兴趣的特质。[1]

随着我国对于"价值"概念的不断研究，价值科学领域的学者提出了价值的不同定义，主要包括以下几种：一是用"需

---

〔1〕　李醒民："价值的定义及其特性"，载《哲学动态》2006 年第 1 期。

要"界定价值，认为价值是指客体的存在、作用及它们的变化对于一定主体需要及其发展的某种适合、接近或一致；[1]二是用"意义"界定价值，认为价值是客体对主体所具有的积极或消极意义；[2]三是以"属性"界定价值，认为价值是客体能够满足主体需要的那些功能和属性；[3]四是以"劳动"界定价值，认为价值凝结着主体改造客体的一切付出；[4]五是用"关系"界定价值，认为价值就是客体与主体需要之间的一种特定关系。[5]

此外，在有关价值定义的讨论中，学界们在是否存在正价值与负价值的问题上展开了激烈的讨论。有学者认为："有益的称为正价值，简称价值，有害的称为负价值，性质完全相反。"[6]支持该观点的学者还指出："价值存在于主客体之间的关系中是说，价值存在于客体对主体的作用和影响之中。只要客体对主体发生作用和影响，就有价值；不发生作用和影响，就没有价值。发生积极的有益的作用和影响，就是正价值，这种作用和影响越大，价值越大；发生消极的作用和影响，就是负价值，这种作用和影响越大，负价值越大"。[7]对此，笔者认为，如果存在正、负价值之分，那按照逻辑必然存在零价值，即事物对客体不发生作用的情况，这样的推理结论显然不能令人满意。此

〔1〕 参见袁贵仁："价值与认识"，载《北京师范大学学报》1985 年第 3 期，第 15 页。

〔2〕 参见阮青：《价值哲学》，中央党校出版社 2004 年版，第 13 页。

〔3〕 参见李剑锋：《价值：客体主体化后的功能和属性》，陕西师范大学出版社 1988 年版，第 11 页。

〔4〕 参见赵守运、邵希梅："现行哲学价值范畴质疑"，载《哲学动态》1991 年第 1 期，第 20 页。

〔5〕 参见李连科：《哲学价值论》，中国人民大学出版社 1991 年版，第 62 页。

〔6〕 参见袁贵仁："价值概念的语义分析"，载《社会科学辑刊》1991 年第 5 期，第 23 页。

〔7〕 参见巨乃岐、王建军："究竟什么是价值——价值概念的广义解读"，载《天中学刊》2009 年第 1 期，第 15 页。

外，正价值和负价值的存在显然与我们传统约定俗成的观念不符。从约定俗成的角度来看，价值是指客体对作用对象存在好处和积极意义的状态。尽管学界大部分学者均认可正价值与负价值的存在，但笔者从法律援助价值的角度推理，认为正价值与负价值的区分对于剖析法律援助的价值意义不大。

一、各位学者的观点

（一）付少军、刘燕玲等学者的观点

付绍军、刘燕玲等学者在《法律援助理论与实务》一书中将法律援助的价值定位于法治、公正、平等和效率。其一，"法治"本身是一种治国方略或社会调控方式，其核心价值在于权力制约和权利保障。资产阶级启蒙思想家所倡导的"法治"，其价值包括法律至上、法律面前人人平等、人民主权、权力制衡等基本原则。而法律程序的正当性是保障公民权利的重要途径，这要求参与诉讼的当事人有权获得法律专业人员的帮助，如果没有法律专业人员的帮助，当事人将无法清楚了解诉讼的相关程序、诉讼权利及其结果，无法维护自己的权益。法律援助正是一项国家用来解决部分经济困难者负担不起法律服务费用问题的司法制度。正是法治原则使政府有责任为公民获得法律保护提供必要的保障，以使公民充分享有权利并得以实现权利，法律援助的正当理由之一是国家对法治的承诺，法律援助是建立法治国家的必要条件之一。

其二，公正价值是人类社会的基本理念和核心价值追求。在当代中国，公平正义是社会主义法治的基本理念之一，而实现公平正义，必须建立能够实现公平正义的制度保障。公正的司法制度能够矫正社会权利分配不公和社会体制造成的不合理，保护社会弱势群体，是公民实现实体权利的有力保障。而法律

援助正是对贫弱者实现公平司法保护的一种保障性制度安排，表现在两方面：一是通过提供法律援助能有效帮助经济困难的人们真正实现法律上的平等权利；二是使刑事程序正当化成为可能，使控辩双方实力平衡，使犯罪嫌疑人、被告人依法获得有效辩护的机会。

其三，平等价值意味着对社会成员基本尊严和基本权利同等的认可和保护，我国宪法明文规定了"公民在法律面前人人平等"的原则。其要义包括两方面：一是法律面前人的主体的平等，即任何人在法律面前地位平等，不允许有超越法律的特权人员存在；二是所有的主体都能平等地获得法律的保护。因此，为了使宪法、法律上规定的形式平等变成实质平等，政府有责任在必要时为弱势群体提供获得法律帮助的机会。对于弱势群体而言，由于经济困难无力支付相应的法律服务费用，他们往往会失去获得法律保护的机会。让每一个公民平等享有司法资源，在司法程序上获得平等的救济机会，保障所有的社会公民不会因其自身的不利因素而被法律拒之门外，受到法律的平等保护，是法律援助制度所追求的核心目标。

其四，效率价值。法律援助是国家和政府的责任，国家有义务为寻求法律救济的个人提供获得公平的司法帮助的机会，法律援助制度要求"应援尽援"，但经费不足是许多建立了法律援助制度国家的共性问题，成了制约法律援助事业发展的"瓶颈"。基于利用有限的资源实现法律援助司法利益的最大化，效率理所当然地成了法律援助制度所追求的价值。[1]

---

〔1〕 此外，陈晨教授在《刑事法律援助制度》中对刑事法律援助的价值进行了分析，刑事法律援助制度是法律援助制度的重要组成部分，其所体现的价值当然地包含在法律援助制度的价值中。陈晨教授将刑事法律援助的价值概括为法治价值、公正价值和平价值，其观点与付少军等学者基本一致，在此不再赘述。

（二）刘根菊教授的观点

刘根菊教授认为，法律援助的价值目标应当是让受援主体在情感上得到精神享受，得到理性的公正，使他们感受到人间有真情、社会有公理、公民有平等，即使自身无能力、家中无财产，只要握有正义或为保护合法权益，也能得到公正待遇，从而对社会充满信心、对人生充满期望、对公益事业作最大奉献。[1]刘根菊教授将法律援助的价值分为三个方面：一是扶弱助困之价值；二是平衡控辩力度之价值；三是实现司法公正之价值。

第一，扶弱助困之价值。法律援助已成为我国公民实现公正和权益保障之需求。因为，随着经济体制的转型和利益格局的调整，公民间因主客观条件的差异而产生的贫富差别日趋明显，一部分公民打不起官司、请不起律师，因此严格执法和完善法制势在必行。如《法律援助条例》不仅明确了法律援助的目的是保障经济困难的公民获得无偿法律服务，而且在有关条款中还规定了公民可以依照本条例获得无偿法律服务的范围和申请法律援助的情形。凡此种种规定，均表明该条例是为公民、被告人解决司法困难，提供法律保障。

第二，平衡控（起诉）辩（应诉）力度之价值。无论是在刑事、民事诉讼还是在行政诉讼中，诉讼双方均围绕系争事实进行诉讼，力求在法院（法官）的主持下，通过一系列法定审判程序使系争问题（或者纠纷）得到公开、公平、公正的解决。在刑事诉讼中，作为控方（侦查、起诉）的追诉者（侦查员、公诉人）具有较高或者很高的业务素质，熟知控诉和追诉技巧，且有国家强制力作后盾，因此，相对被告人而言，优势地位显

---

〔1〕　刘根菊："我国法律援助之价值及其实现"，载《法学杂志》2003 年第 6 期，第 59 页。

著，其力度大大强于被告人。在民事诉讼中，虽然双方当事人进行诉讼实行谁主张、谁举证，一般而言，很难确定是原告方的力度一定强于被告方。但是，二者相比而言，在大多数情况下，肯定有一方力度较弱。在行政诉讼中，虽然作为应诉方的行政机关处于被告地位，但因其实施的是政府行为（作为或不作为），应诉的代理人多为政府法制部门的人员，其法律素质自然优于起诉方的公民，且有政府权力作后盾，处于强势地位。相比而言，作为起诉方的公民一方则处于弱势、劣势地位。在上述控（起诉）辩（应诉）方对抗的诉讼过程中，处于弱势、劣势的被告人或者当事人，通过法律援助得到法律上、诉讼技巧上、诉讼力量上的帮助，就能实现控（起诉）辩（应诉）力度上的平衡或者大体平衡，实现矛盾双方平等对抗之（外在）价值。

第三，实现司法公正之价值。司法公正是诉讼追求的最高价值，也是终极目标。实现司法公正，既需要以公正、文明的法律和法律制度作保障，也需要高素质的法官在审判中严格依法审判，同时更需要参加诉讼的高素质的双方当事人享有充分的诉讼权利。然而，双方当事人法律素质的提高、客观条件的增强是很难的，因此，必须通过国家及有关人员的法律援助，从客观外力方面使弱者能够抗衡强者，使劣势上升为均势或优势，促其充分行使自由、平等权利，以实现公正、正义的裁判。而法律援助制度就是实现司法公正的助力器或者说是添加剂，故有实现司法公正之（内在）价值。

（三）马栩生教授的观点

马栩生教授在《当代中国法律援助：制度与理论的深层分析》一书中讨论了法律援助制度的价值维度，提出法律援助具有四个方面的价值：人权价值、法治价值、公平价值和平等价值。

第一，法律援助的人权价值。人权是指"人因其为人而应享有的权利"，作为一种普遍的人类权利，每个人都应该受到合乎人权的对待。现代人权观念在国外各国宪法和法律中的确立，为法律援助制度在欧美国家的建立奠定了思想理论基础。随着国际人权运动在20世纪中叶开始兴起，人权价值在西方备受珍视，法律援助制度也逐步与人权保障加以结合，许多保障人权的公约、条约、文件都涉及了法律援助制度，有的甚至对法律援助作出了明确的规定。这也能够充分体现出法律援助的人权价值。

第二，法律援助的法治价值。法治是与人治相对立的一个范畴，其核心价值在于权力制约和权利保障。法律必须被遵守，法治的追求是人类对秩序的内在需求，是社会繁荣的保证。法治是一种文明，是一种进步，与法外粗暴的解决纠纷的机制相对应。法律援助制度正是把社会上处于弱势地位的群体的法律纠纷问题纳入司法的途径加以解决，从而避免法外的粗暴解决机制造成冲突或矛盾的升级。现代法律援助制度通过赋予受援人以受援助的权利，在权力机制的促使下，使法律的纠纷更大机会流入诉讼领域，使得公权力及时地关注私权利的冲突，定纷止争，保障社会的稳定与和谐，减少社会成本的消耗，从而使社会的法治形象得以提升。

第三，弱者关怀的公平价值。弱者关怀是社会正义的深层内涵，法律援助是针对贫弱者的制度设计，弱者关怀更是法律援助的重要价值体现，现代的法律援助理念认为，"战胜贫穷"应是制度的终极目标。传统法律制度一度忽视了弱者利益，从而给繁荣的背后投上长长的阴影。对弱势者的法律援助，不仅是出于人道主义和慈善的角度，也是维护社会稳定和司法公正的必然要求。

第四，权利保障的平等价值。平等意味着对社会成员基本尊严和基本权利的肯定和保护。对于任何一个文明社会，平等都是最为重要的价值观念。法律面前人人平等正式法律孜孜追求的不懈目标。现代法治社会的精髓是平等，"法律面前人人平等"原则所折射出来的是如何在双方当事人之间公平地分配司法资源，以求实现社会的公平正义。在一定意义上而言，国家有义务把这种公平运送到每一个公民手上，保障每一个公民不会引起自身的不利原因而被法律拒之门外，使司法程序表现出一种"看得见的公平"。

二、法律援助价值探析

通过对上述学者观点的梳理，不难看出学界对于法律援助中的法治、公正和平等价值普遍认可，对于效率价值是否需要纳入法律援助的价值体系存在争议。刘根菊教授的观点则可以被概括为扶弱价值、平衡价值和公正价值，但由于该观点的提出时间较早，是在当时法律援助的实践背景下所得出的，与现阶段的我国法律援助制度的实践有所脱离，但仍有可取之处。在此，笔者将法律援助的价值概括为法治价值、平等价值和公平价值。

（一）法治价值

法律援助的法治价值是从国家法治体系构建的角度定义的。法治主要体现为一种先进的治国理念，通过对法律的遵循、对法律秩序的维护来实现治理国家的目标，来构建稳定和谐的社会。法治，不仅意味着完善的法律制度与良好的运行状况，同样表现为法治理念与法律观念的深入人心，更体现为社会和谐的状态。现代文明国家的法治，是与人治相对的一种崭新的社会组织形式，是对法律这一社会规则的最大限度的维护与肯定。按照法治的要求，公民在权利受到侵害时，应该能够通过司法手段来获得救济，实现权利保障之目标，但如果身处弱势的公民缺乏专业法律知识与资金帮助，那么公民权利的保障可能就无法实现，法律条文将成为空中楼阁，虚无缥缈。法律援助制度可以为公民提供法律层面的帮助，将公民权利实现的方式纳入法治的轨道，能够通过司法的手段来解决纠纷、实现权利。法律援助制度的存在，通过给予特定群体以法律援助的方式，促使公民接受法律规范、运用法律手段救济权利，通过法律的渠道解决纠纷，促使公民形成法律意识，直至形成法律信仰，从而为实现法治奠定思想基础，也能够使法治在更大范围内被认可与接受。

（二）平等价值

法律援助的平等价值在法治社会构建中是应该被肯定与实现的基础价值。而对平等价值的追求也是法律援助制度得以存在的根基。法律面前人人平等不仅应体现在法律条文中，更应该体现在诉讼领域中，使每个公民都有平等获得法律救济的权利，实现社会各个阶层在司法领域的平等。对于无法依靠自身能力来实现权利救济并获得法律保障的群体来说，国家的帮助与扶持能使他们与其他社会群体一样享有法律的平等保护，使其在诉讼权利上实现平等，不会因自身能力不足或经济困难等因素而与法律之保障失之交臂。法律存在的意义不仅仅在于为政治经济的发展保驾护航，更重要的是要为每一个具体的个体提供权益之保护，使每个公民，无论贫穷或者富有，都能够平等地被纳入司法体系的范畴之中，平等地获得司法资源，平等地实现权利救济。

（三）公正价值

法律援助的最初设计目的就是帮助司法活动中的弱势群体，

通过为他们提供关怀帮助来实现公平与正义的目标。同情弱者、给予弱者以倾斜性的保护正是公平价值的应有之义。通过法律援助，使弱者能够得到法律的关怀，使弱者能够获得法律的救济。不仅能够实现个体的权益保障，更有利于在社会上形成保障弱者权益的整体思想，有利于实现真正的公正。在依法治国背景下，运用法律手段来保障社会弱势群体的利益，是实现公平的有效方式。弱势群体，相较于社会中的强势群体，更渴望能有一种公平的机制来避免自身屡屡遭受失败与打击，他们更渴望获得公平的对待，对自身的利益也有更强烈的追求。

第二章

我国法律援助制度的发展历程

　　法律援助制度是指国家在司法程序运行过程中对因经济困难或者其他因素而难以通过一般的法律救济手段保障自身权利的社会弱者提供法律帮助的一项法律保障制度。我国法律援助制度的发展历经二十余年，取得了较为显著的成果，在保障公民权利、促进公平正义、维护社会稳定等方面产生了重要而深远的影响。从法律援助制度构想的提出到法律援助制度的基本确立，再到如今律师值班制度、法律诊所援助模式的不断完善，我国法律援助制度经历了萌芽探索、建立完善和深化发展三个阶段。

第一节　我国法律援助制度的萌芽探索阶段

　　1992 年至 2002 年，我国法律援助制度处于萌芽探索阶段。与发达国家相比，我国的法律援助制度虽然起步较晚，但法律援助制度在我国发展迅速，尤其是在萌芽探索阶段，国家及政府对法律援助的重视为法律援助制度的探索带来了充足的动力。

　　改革开放所带来的经济快速发展使我国经济社会发展取得了令人瞩目的成就。虽然在经济方面可以采取"先富带后富"

的方法，但在司法正义的实现上绝不能有先后之分。早在 1992 年，武汉大学就成立了"社会弱者全力保护中心"，标志着我国高校法律援助的开端，其主要是为了帮助维护社会转型期弱势群体的合法权益，并为高校相关学科的学生提供实践平台，虽然该组织属于民间法律援助组织，但在我国法律援助史上却承担着"开拓者"的角色。同时，律师行业的建设也推动着法律援助制度的萌芽，1993 年颁布的《司法部关于深化律师工作的改革方案》要求逐步建立起多形式、多层次结构的专业化律师工作队伍，这对法律援助制度的萌芽探索起到了重要作用。在法律援助的实践领域中，一些律师行业发展较快的城市在 1993 年之前就已经出现了有关法律援助的需求。例如，广州市司法局受香港影响，在 1993 年年初的文件中就使用了"法律援助"这一概念。北京市司法局在 1993 年年底就提出要开展律师法律援助工作，以解决部分生活条件困难的公民获得法律帮助的问题。

　　1994 年年初，司法部时任部长肖扬在一份律师工作材料中第一次提出要建立具有中国特色的法律援助制度的构想："法律援助，世界上许多国家都有，香港地区也有，主要是对那些无能力支付律师费用的被告人和当事人实行法律帮助，也为无力支付费用的'官司'实行援助，这既是人道主义的体现，也是人权斗争的需要。"这正式开启了中国法律援助制度的萌芽。法律援助制度的试点工作正式开始于 1994 年，首先在北京、上海、广州、武汉、郑州等几个大城市设立试点，再发展到无锡、镇江、银川、西宁、青岛、长春等大中城市以及安徽省和四川省。为时 2 年的试点工作形成了以广州、北京、上海、武汉、郑州五个城市为代表的法律援助工作的典型模式，各试点积累的丰富法律援助实践经验为之后全国法律援助工作的进一步发展打下了坚实基础。在全国各地法律援助试点工作开展的过程中，广州市法律援助中心勇于探索，建立了一流的机构，取得了显著成就。广州市法律援助中心还办理了许多在全国产生重大影响的案件，如身患三级残疾，靠领取市政府社会救济金生活的黄女士，被在澳大利亚获得居留权的丈夫向澳大利亚悉尼法庭起诉，要求与其离婚。因为黄女士行动不便，生活拮据，对跨国诉讼毫无所知，遂向广州市法律援助中心求助。中心立即指派了赵晓飞律师、王超莹律师多次上门为其提供法律服务，依据法律为黄女士拟定法律意见书，提交悉尼法庭，引起该法庭重视。在法庭开庭后，两位律师积极工作，促成双方达成离婚协议，使女方获得 2 万美元的赔偿。[1]这起案例不仅涉及残疾人的权利保障，还有境外司法机关参与，广州市法律援助中心在这起案例中所发挥的重要作用，体现了我国法律援助工作的在萌芽探索阶段的积极进取精神和保护弱者的理念。

1996 年 3 月，在吸收了各地试点工作的实践经验后，司法部设立国家法律援助中心筹备组，以推进法律援助制度的建立，实现了一个多头并进、全方位推动法律援助工作的计划。1996 年 6 月，司法部正式下发《关于迅速建立法律援助机构开展法律援助工作的通知》，并着手制定《法律援助暂行条例》，全国的法律援助工作全面启动。由司法部监督各地尽快开展法律援助工作，并先后与各部门联合下发关于做好老年人、未成年人、残疾人和妇女法律援助工作的四个联合通知，推动社会力量支持并参与法律援助工作。1996 年 3 月 17 日第八届全国人民代表大会通过了《刑事诉讼法》，同年 5 月 15 日审议通过了《律师

---

〔1〕　参考张耕主编：《中国法律援助制度诞生的前前后后》，中国方正出版社 1998 年版，第 143 页。

法》，这两部法律都规定了有关法律援助工作的相关内容。[1]《刑事诉讼法》和《律师法》构成了我国当时法律援助制度的基本结构，也是法律援助具体实施的主要依据。随着两项法律的出台与实施，全国各地的法律援助工作也迅速开展起来。1996 年 11 月，司法部召开了"全国首届法律援助理论研讨暨经验交流会"，全面总结建立和实施法律援助制度的意义，结合国情讨论中国特色法律援助制度的基本内容和特点。[2]

　　法律援助工作的开展不仅需要司法部的主导，法院、检察院和公安机关在法律援助工作上同样发挥着不可或缺的作用。1997 年 4 月，最高人民法院和司法部联合下发了《关于刑事法律援助工作的联合通知》（已失效），对刑事法律援助中的受援主体作出了进一步明确。[3]在此之后，司法部又先后与最高人

---

　　[1]　1996 年修正的《刑事诉讼法》第 34 条规定："公诉人出庭公诉的案件，被告人因经济困难或者其他原因没有委托辩护人的，人民法院可以指定承担法律援助义务的律师为其提供辩护。被告人是盲、聋、哑或者未成年人而没有委托辩护人的，人民法院应当指定承担法律援助义务的律师为其提供辩护。被告人可能被判处死刑而没有委托辩护人的，人民法院应当指定承担法律援助义务的律师为其提供辩护。"1996 年修正的《律师法》第 41 条规定："公民在赡养、工伤、刑事诉讼、请求国家赔偿和请求依法发给抚恤金等方面需要获得律师帮助，但是无力支付律师费用的，可以按照国家规定获得法律援助。"

　　[2]　陈晨：《刑事法律援助制度研究》，中国检察出版社 2014 年版，第 83 页。

　　[3]　《最高人民法院、司法部关于刑事法律援助工作的联合通知》（已失效）规定："二、法律援助机构或者司法行政机关接到指定辩护通知书和起诉书副本后，对刑事被告人是盲、聋、哑、未成年人、可以被判处死刑而没有委托辩护人的，应于三日内指派承担法律援助义务的律师提供辩护。三、对刑事被告人符合当地政府规定的经济困难标准，人民法院认为需要指定律师为其提供辩护的刑事案件，法律援助机构或者司法行政机关应于收到指定辩护的通知书三日内，指派承担法律援助义务的律师提供辩护。四、对人民法院根据案情认为确需律师辩护、符合下列条件的刑事被告人，法律援助机构或者司法行政机关应于接受人民法院指定辩护三日内，指派承担法律援助义务的律师提供辩护：（一）本人确无经济来源，其家庭经济状况无法查明的；（二）本人确无经济来源，其家属经多次劝说仍不愿为其承担辩护律师费用的；（三）共同犯罪案件中，其他被告已委托辩护人，而该被告人没有委托辩护人的；（四）外国籍被告人没有委托辩护人的；（五）案件有重大社会影响的；（六）人民法院认为起诉意见和移送的案件证据材料有问题，有可能影响正确定罪量刑的。"

民法院、最高人民检察院、公安部联合下发了《关于民事法律援助工作若干问题的联合通知》(已失效)、《关于在检察机关的刑事诉讼活动中开展法律援助工作的联合通知》(已失效)、《关于在刑事诉讼活动中开展法律援助工作的联合通知》(已失效)等。这不仅有效解决了法律援助机构在办理法律援助案件过程中与人民法院、人民检察院和公安局的工作衔接问题,而且为法律援助律师提供了更好的工作环境和条件。

随着我国法律援助理念的萌芽与探索,学术界开始了有关法律援助基础概念、域外经验以及制度建立方面的理论探索。这一时期的著作主要有《法律援助制度比较研究》《中国法律援助制度诞生的前前后后》《各国法律援助理论研究》以及《中国法律援助立法研究》。在学术论文方面,成果较为突出的主要有廖中红教授发表的《我国法律援助制度的基本构想》、杨诚教授发表的《法律援助制度的比较与思考》、李汉昌教授发表的《刑事法律援助制度论要》和刘根菊教授发表的《法律援助制度的几个问题》。这一时期,我国学术界对法律援助的研究集中于对域外经验的探索和对我国法律援助制度构建的思考,这些研究成果有效推动了我国法律援助基础理论研究的发展,指引了我国法律援助制度的探索。

在我国不断深入推进关于法律援助制度理论层面研究的同时,相关的具体实践工作也取得了较为显著的成效。1997年,中国法律援助基金会暨司法部法律援助中心成立,全国各省共有12个法律援助中心成立。从1996年至2000年是法律援助工作的快速发展期,在机构建设、制度建设和业务开展等方面都取得了长足发展。截至2000年12月,全国共建立法律援助机构1853个,其中法律援助专职人员5000多人。1996年至2000年间法律援助机构的律师、公证员、基层法律援助工作者和法律援助志愿者共办理法律援助案件 43.8 万多件，接待咨询 313.7 万多件。[1]

2001 年 3 月，全国人民代表大会通过《国民经济和社会发展第十个五年计划纲要》。其中明确提出"建立法律援助体系"的目标。法律援助制度体系的建立将有助于完善我国法律体系、促进履行人权平等的国家义务。"十五"计划的提出标志着我国已将法律援助作为国家重要工作目标之一，开启了我国法律援助制度发展进程的新阶段。

第二节　我国法律援助制度的建立完善阶段

2003 年至 2011 年可被视为我国法律援助制度的建立完善阶段，具有承上启下的重要作用。2003 年 7 月 21 日，国务院总理签署第 385 号国务院令，公布《中华人民共和国法律援助条例》（以下简称《法律援助条例》）。《法律援助条例》共 6 章 31 条，它从"总则""法律援助范围""法律援助申请和审查""法律援助实施""法律责任""附则"六个方面对我国法律援助制度的基本问题作了系统、明确的规定。这是我国法律援助制度发展史上的一座里程碑，是我国第一部关于法律援助制度的全国性行政法规，为实现具有中国特色的法律援助制度指明了方向，同时确立了我国法律援助制度的基本框架和内容。《法律援助条例》规定法律援助是政府的责任，经济困难者有权利获得必要的法律援助服务。不仅为社会弱者获得法律援助、社会帮扶提供了有效途径，还进一步体现了"法律面前人人平等"的宪法规定。《法律援助条例》的颁布是加强社会主义民主、健

---

〔1〕　参见高贞："中国法律援助制度从创建到发展"，载《中国法律》2004 年第 12 期，第 40 页。

全社会主义法制的客观要求，是健全社会主义精神文明建设的重要内容和实际步骤，是建立中国特色法律援助制度的必由之路。随着《法律援助条例》的颁布与实施，我国的法律援助不断走向制度化、规范化和法治化。司法工作者、律师等法律工作者对于法律援助有了更好的理解、认识。经过不懈的探索与实践，法律援助制度从一项慈善行为转变为国家义务，法律援助制度成了有法可依的一项法律保障制度。

随着《法律援助条例》的出台，各级政府和相关国家机关对法律援助工作日益重视。2004 年 3 月，国务院新闻办发布《2003 年中国人权事业的进展》白皮书，较为详细地介绍了我国法律援助事业取得的显著成就。其中第三部分"人权的司法保障"指出："法律援助得到有效实施，保障了公民获得法律援助的权利。……截至 2003 年底，全国法律援助机构已发展到 2774 个，工作人员为 9457 名，共办理法律援助案件 166 433 件。"[1]同年，司法部、财政部等九部局联合出台了《关于贯彻落实〈法律援助条例〉切实解决困难群众打官司难问题的意见》。湖南、湖北、山西、重庆、天津、辽宁、内蒙古、甘肃等省、直辖市以地方立法、政府文件或与有关部门联合发文等形式明确了《法律援助条例》授权地方制定的法律援助范围、经济困难标准和律师办案补贴标准。根据 2006 年提出的《国民经济和社会发展第十一个五年规划纲要》和《全国司法行政工作"十一五"时期规划纲要》，司法部进一步提出了《司法部关于法律援助事业"十一五"时期发展规划》，该规划设立了未来五年法律援助的发展目标和主要任务，从提高法律援助的公众知晓度、法律援助申请渠道畅通、扩大法律援助的覆盖面和经济保障逐步提高四个方

---

〔1〕 国务院新闻办公室："《2003 年中国人权事业的进展》白皮书"，载 http://www.gov.cn/zhengce/2005-05/27/content_ 2615727. htm.

面进行发展，为完善法律援助制度、解决现存问题指明了方向。

在此之后，法律援助工作不再只强调关注办案数量，国家开始注重法律援助案件的办理质量和社会效果。从 2005 年开始，中央财政开始转移支付地方法律援助办案补贴，从财政方面对法律援助工作给予大力支持，从 2005 年的 2.6 亿元逐年递增至 2010 年的 10 亿元。通过给予法律援助律师办案补贴的形式，以求最大限度地保障法律援助案件质量，进而落实有效辩护的诉讼原则。法律援助拨款的逐年递增不仅体现了国家对于法律援助事业发展的日益重视，也说明了社会公民对于法律援助存在巨大需求。深究其因主要有以下几点：首先，伴随着我国法治社会的建设发展，公民逐渐形成法治观念，法律服务需求不断增多。其次，伴随我国经济的高速发展，经济纠纷以及经济犯罪案件的数量不断增长。此外，需要注意到的是，这一时期农村与城市的联系愈发紧密，越来越多的农村劳动力向城市聚集，而他们的文化程度往往不高，经济条件不好，在自身合法权益受到侵害时通常会不知所措，这就需要法律援助为他们提供帮助。

在法律援助工作的具体实践领域，司法部在便民、监督和创新等领域取得了一定的工作成果。2010 年，司法部下发了《关于深化"法律援助便民服务"主题活动积极推进三项重点工作的意见》，明确了法律援助工作在深入推进三项重点工作中的职能作用，提出了加强法律援助工作的思路和措施。各地继续推动将就医、就业、就学、社会保障等与民生问题紧密相关的权益保护事项纳入补充事项范围，越来越多的地方将经济困难标准调整至最低生活保障线的 1.5 倍至 2 倍，法律援助的门槛继续放宽。同年，司法部开展了经费使用检查工作，主要对广东、安徽等 6 省法律援助经费管理使用情况进行专项检查。最后，司法部积极开展法律援助新闻媒体宣传、发放公共法律教育宣传品并宣传法律援助先进典型，加强了社会公众对法律援助制度的深入了解，同时吸引了更多人才加入法律援助队伍，为法律援助工作的创新发展、可持续发展奠定了坚实基础。

在建立和完善法律援助制度的过程中，保护弱者的理念被进一步阐释，对老人、未成年人和残疾人等社会弱势群体的保护较为重视。如北京市法律援助中心在 2010 年的一起案例中就体现了对未成年人合法权益的着重保护。2010 年 8 月，北京市某高中学生小辉和关某发生矛盾，纠集朋友打架斗殴，双方参与者均受到了不同程度的身体损伤。案发后，小辉因涉嫌犯聚众斗殴罪被刑事拘留，同年 9 月 11 日，被取保候审，后被人民检察院提起公诉。北京市法律援助中心指派杨律师担任被告人小辉的诉讼律师。接受指派后，杨律师会见被告人并仔细分析卷宗，提出了以下几点辩护意见：一是被告人小辉主动到案并如实供述犯罪事实，具备自首情节；二是被告人小辉此前未受过刑事处罚，本次犯罪是初犯；三是被告人小辉犯罪情节轻微，主观恶性不深，人身危险性不大；四是被告人小辉认罪态度好，具有悔罪表现；五是被害人的损失已经得到相应赔偿。最终，人民法院采纳了杨律师提出的上述辩护意见，依法宣判被告人小辉犯聚众斗殴罪，判处有期徒刑 6 个月，缓刑 1 年。本案中，法律援助律师围绕案件作出了全面、理性的分析和论证，依据有关法律和司法解释对小辉的量刑作出了充分阐述，在未成年人犯罪问题日益严重的社会背景下，充分发挥了法律援助帮扶、教育和感化的作用，使未成年人获得改过自新的机会，能够继续丰富多彩的校园生活。

法律援助制度的正式确立不仅依靠法制层面的法律保障，也得到了学术层面充足的理论支持。在《法律援助条例》出台以后，法律援助制度正式建立，我国学术界对于法律援助的研究开始着眼于法律援助制度的构建和法律援助的实践工作。如沈红卫教授所著的《中国法律援助制度研究》，马栩生教授所著的《当代中国法律援助：制度与理论的深层分析》，贾午光主编的丛书《法律援助制度改革和发展》。同时，许多学术论文也为法律援助的理论探索提供了重要观点，如马明亮教授发表的《法律援助：中国刑事诉讼制度发展的瓶颈》，王立民教授发表的《法律援助与"诊所法律教育"》，蒋建峰发表的《法律援助办案质量控制思考》和高贞发表的《关于加强和完善刑事法律援助制度的几点思考》。显然，在法律援助制度的建立完善阶段，学者们围绕着法律援助制度开展了深入研究，对制度的构建、发展和改进提出了诸多建议，同时针对法律援助工作的实践展开了广泛讨论，对我国法律援助制度的完善和法律援助工作的规范化产生了深远的影响。

《法律援助条例》颁布后的几年，法律援助进入了平稳发展的时期，法律援助制度得到了进一步完善，国家财政拨款逐年递增，公民对法律援助制度的了解逐渐深入，法律援助案件的数量也持续增长，仅 2011 年全国办理法律援助案件就超过了 80 万件。从总体上看，这一阶段是我国法律援助制度发展的"黄金时期"，起着承上启下的重要作用。但值得注意的是，这一时期的法律援助工作在实践中也暴露出了诸多问题，主要体现在法律援助申请程序和法律援助在诉讼程序中的具体运用方面，这些问题成了我国法律援助制度在下一阶段深化发展的着手点。

第三节　我国法律援助制度的深化发展阶段

在《法律援助条例》颁布之后的几年里，我国法律援助制度正式形成并不断完善，法律援助工作在全国有序开展，形成了较好的社会影响，并成了实现公民基本权利的重要保障，为法律援助制度的深化发展奠定了坚实基础。2012 年修正的新《刑事诉讼法》对法律援助的程序进行了细化，其中第 34 条进一步扩大了法定法律援助的范围，提前了提供法律援助的诉讼阶段，改变了法律援助的方式，正式建立了通过申请获得法律援助的制度，成了我国法律援助制度进一步突破发展的契机。[1]第 36 条提前了辩护律师能够参与诉讼程序的阶段，意味着法律援助律师在法律援助案件中能够发挥更大作用。[2]2012 年 2 月司法部部务会议审议通过了《办理法律援助案件程序规定》。该规定从法律援助工作的受理、审查和承办程序上对法律援助工作进行了更为细化的规定。

党的十八大召开以来，习近平总书记曾多次对法律援助工作作出指示。2013 年 11 月，党的十八届三中全会将法律援助制度提升至国家人权司法保障制度和国家司法救助制度的高度，强调要完善法律援助制度，充分发挥法律援助制度对公民和法人合法权益的保护作用。2014 年 10 月，党的第十八届四中全会将法律援助制度作为国家整体法律服务体系的重要组成部分加以强调，要求建设完备的法律服务体系，推进覆盖城乡居民的公共法律服务建设，完善法律援助制度，健全司法救助体系。

---

〔1〕 2012 年修正的《刑事诉讼法》第 34 条规定："犯罪嫌疑人、被告人因经济困难或者其他原因没有委托辩护人的，本人及其近亲属可以向法律援助机构提出申请。对符合法律援助条件的，法律援助机构应当指派律师为其提供辩护。犯罪嫌疑人、被告人是盲、聋、哑人，或者是尚未完全丧失辨认或者控制自己行为能力的精神病人，没有委托辩护人的，人民法院、人民检察院和公安机关应当通知法律援助机构指派律师为其提供辩护。犯罪嫌疑人、被告人可能被判处无期徒刑、死刑，没有委托辩护人的，人民法院、人民检察院和公安机关应当通知法律援助机构指派律师为其提供辩护。"

〔2〕 2012 年修正的《刑事诉讼法》第 36 条规定："辩护律师在侦查期间可以为犯罪嫌疑人提供法律帮助；代理申诉、控告；申请变更强制措施；向侦查机关了解犯罪嫌疑人涉嫌的罪名和案件有关情况，提出意见。"

2015 年 4 月中共中央办公厅印发《党的十八届四中全会重要举措实施规划（2015 年—2020 年）》，将"制定推进律师积极开展法律援助工作的意见"作为未来五年的一项重要改革任务。

2015 年 6 月，中共中央办公厅、国务院办公厅印发了《关于完善法律援助制度的意见》（下文简称《意见》）。《意见》对法律援助制度提出了新要求：第一，要扩大法律援助范围，包括扩大民事、行政法律援助覆盖面，加强刑事法律援助工作，实现法律援助咨询服务的全覆盖。从整个诉讼体系的角度，对法律援助进行完善与改进。第二，要提高法律援助的质量，推进法律援助制度标准化，针对不同特殊当事人的案件，指派不同类型的承办律师，提高法律援助案件的承办质量。加强法律援助的质量管理，组建法律援助专业团队负责承办不同类型的法律案件，建设法律援助案件投诉体系，对案件进行案后监督、复审，以保障法律援助案件的承办质量。第三，提升法律援助保障能力，包括保证法律援助的财政保障，对法律援助案件发放办案补贴，根据各地方的经济情况设定补贴标准，充分发挥法律援助基金会资金募集的作用。加强法律援助基础建设，鼓励地方建立便民服务点，满足群众的需要。《意见》的发布指出了我国法律援助制度的不足，为法律援助的保质化、便民化建设作出了指示。保质化、便民化的目的就是让公民看到法律援助的效果以及如何得到法律上的帮扶，这标志着我国的法律援助制度将要迈向新的台阶。同时，"法律面前人人平等"的宪法原则得到了更好的诠释，通过对法律援助质量的保障以及程序的便民化使中国的诉讼程序（主要是民事诉讼和行政诉讼）渐渐脱离贫富差距、社会地位差距的桎梏，法律服务不再是富人们、官员们的专属。在人民民主专政的国家，政府应该为民服务、为人民谋福祉，法律援助制度的不断完善对于社会主义法治社会、依法治国的政治理念进一步加深有着不可忽视的促进作用。

任何事物都是在发展的，法律援助这项制度也不例外，在法律援助诞生的五百年来，越来越多的新颖想法被采纳，形成了不同的法律援助制度，我国法律援助制度在借鉴域外经验方面取得了显著成果。一是法律诊所教育，早在 2000 年法律诊所教育就被引入中国，法律诊所教育与法律援助的目的相同，都是为社会弱者提供法律援助。2012 年 7 月，北京市司法局发布的《北京市社会力量参与法律援助现状与对策》将北京市各高校列为重要的法律援助资源。二是值班律师制度，2016 年，国家在 18 个试点城市的法院、看守所派驻法律援助值班律师，为犯罪嫌疑人、被告人提供法律帮助。当犯罪嫌疑人、被告人或者诉讼参与人符合法定情形时，法院、看守所有义务为其指派值班律师提供法律服务。在四中全会以来的相关司法改革中，多部司法解释（《关于在部分地区开展刑事案件速裁程序试点工作的办法》《关于推进以审判为中心的刑事诉讼制度改革的意见》《关于在部分地区开展刑事案件认罪认罚从宽制度试点工作的办法》等）均明确要求建立法律援助值班律师制度。如最高人民法院、最高人民检察院、公安部、国家安全部和司法部联合颁布的《关于在部分地区开展刑事案件认罪认罚从宽制度试点工作的办法》[1]就对值班律师制度进行了规定。值班律师制度的

---

〔1〕《最高人民法院、最高人民检察院、公安部、国家安全部、司法部关于在部分地区开展刑事案件认罪认罚从宽制度试点工作的办法》第 5 条规定："办理认罪认罚案件，应当保障犯罪嫌疑人、被告人获得有效法律帮助，确保其了解认罪认罚的性质和法律后果，自愿认罪认罚。法律援助机构可以根据人民法院、看守所实际工作需要，通过设立法律援助工作站派驻值班律师、及时安排值班律师等形式提供法律帮助。人民法院、看守所应当为值班律师开展工作提供便利工作场所和必要办公设施，简化会见程序，保障值班律师依法履行职责。犯罪嫌疑人、被告人自愿认罪认罚，没有辩护人的，人民法院、人民检察院、公安机关应当通知值班律师为其提供法律咨询、程序选择、申请变更强制措施等法律帮助。"

试行，是我国法律援助制度与国外法律援助接轨的体现。在国外，值班律师制度、法律诊所教育制度等制度的实行大大解决了法律援助资源的不足，同时也是对社会资源的有效整合利用。通过将这些先进制度与我国试点化实践结合起来，使这些制度在中国特定的社会环境下发挥作用、检验问题，对法律援助制度的改进与普及意义重大。

这一时期的法律援助工作在刑事法律援助领域以开展值班律师制度为重点，在民事法律援助领域以维护农民工的权利为重点，一些经典案例直接推动了相关制度的发展和完善。2017年7月2日，曲某在浙江省杭州市余杭街道邮政储蓄银行银联机上办理取款时发现机器里有一张卡未取出，遂从该卡中取出3000元现金，并与其同伙进行分赃，被公安机关查获。曲某主动交代犯罪事实，认罪认罚。7月25日，值班律师任律师在看守所为曲某提供法律援助。任律师向曲某详细介绍了认罪认罚从宽制度和值班律师在认罪认罚从宽程序中提供法律援助的内容，并向其告知罪名相关的法律规定。在提供法律援助过程中，任律师了解到犯罪嫌疑人曲某案发前无前科，一直在某公司所属工程部做工，家中父母年迈，孩子幼小，他作为家中唯一的劳动力，一家老小靠他一人供养，这次犯罪有一定的偶然性，本人诚心悔改。同时，曲某还向任律师反映他所在的工程部负责人会为其担保取保候审，表示不会再给社会造成危害。于是，任律师联系了公安机关办案人员，提出为曲某申请变更强制措施。最后，公安机关通过核实，采纳了值班律师的意见，决定对犯罪嫌疑人曲某取保候审。这起案例中，值班律师为犯罪嫌疑人提供的法律援助有效体现了法律援助的积极作用，在教育犯罪嫌疑人使犯罪嫌疑人重归社会方面产生了重要影响。

我国的法律援助工作极其重视维护农民工的合法权益，如

2017 年 8 月，绵阳市平武县南坝镇的田某某在青海省祁连县承包了部分机场修建工程中的项目，雇请刘某某等 9 人在该项目中从事木工，工程于 2017 年 9 月 29 日完工，而田某某一直以工程款尚未结付为由，拒绝支付 2.5 万余元劳动报酬。2020 年春节前夕，9 名当事人来到平武县南坝镇法律援助工作站咨询，经工作站对案件初审后，向平武县法律援助中心提交了书面申请。平武县法律援助中心审核后，指派四川龙洲律师事务所律师吕建承办该案件。法律援助承办律师发现本案的难点在于受援人没有结算凭据，也无其他相关证据证明欠款金额，如无法与田某某交涉，可能因证据不足而无法得到法院支持。吕律师了解到田某某会回家过年，立即将案件诉至法院，并与法官一起在年前找到田某某，将开庭传票送达到其手中。经协调，田某某因年后要出行而同意放弃举证期，法院定于 2020 年 2 月 4 日开庭审理此案。但按照疫情防控要求，疫情期间人员不得聚集，审理法官联系吕律师商议延期审理。吕律师深知，如错过机会，田某某将难以到庭，没有任何证据的 9 名农民工的权利将无法得到有效维护。在吕律师与办案法官积极沟通后，法庭同意按期开庭。为减少人员聚集，吕律师主动联了 9 名农民工，告知疫情防控期间的相关政策，9 名农民工纷纷表示理解，委托律师全权代理。经过吕律师与法官的多方努力，被告田某某终于认可拖欠劳动报酬的事实和金额，最终达成了调解协议，田某某当场支付劳动报酬 1.12 万元，剩余未支付部分于 2020 年 12 月 31 日前一次性付清。至此，该纠纷得以顺利化解。该案中，法律援助律师主动发挥自身能量，积极取证，维护了 9 名农民工的合法权益，体现了我国法律援助制度对农民工群体的特殊保护，彰显了中国特色社会主义法治体系下保护弱者的宪法精神。

自 2015 年《关于完善法律援助制度的意见》发布之后，我国法律援助制度的深化发展进入了全面加速阶段，在全面依法治国方针的指导下，法律援助制度开始着眼于具体问题，解决法律援助工作中的实际困难。2017 年 2 月，司法部、财政部联合出台了《关于律师开展法律援助工作的意见》，强调律师在法律援助工作中要发挥主体作用，维护受援群众的合法权益。2017 年 1 月，国务院印发了《"十三五"推进基本公共服务均等化规划》，将法律援助工作作为基本社会服务的重要组成部分，予以明确规定。为了进一步加强和规范法律援助值班律师的工作，2017 年 8 月，最高人民法院、最高人民检察院、公安部、国家安全部和司法部联合制定了《关于开展法律援助值班律师工作的意见》（已失效）。其第 2 条初步明确了值班律师的五项主要职责：第一，解答法律咨询。第二，引导和帮助犯罪嫌疑人、刑事被告人及其近亲属申请法律援助，转交申请材料。第三，在认罪认罚从宽制度改革试点中，为自愿认罪认罚的犯罪嫌疑人、刑事被告人提供法律咨询、程序选择、申请变更强制措施等法律帮助，对检察机关定罪量刑建议提出意见，犯罪嫌疑人签署认罪认罚具结书应当有值班律师在场。第四，对刑讯逼供、非法取证情形代理申诉、控告。第五，承办法律援助机构交办的其他任务。2018 年《刑事诉讼法》对于值班律师制度的规定主要包括以下五个方面的内容：第一，界定值班律师的基本性质，即值班律师制度具有法律援助的属性；第二，规定值班律师的工作地点，即设置在人民法院和看守所的值班律师工作站是其主要活动场所；第三，明确值班律师的参与时间，即值班律师自刑事侦查阶段到审查起诉阶段再到审判阶段均有权参与其中；第四，提出值班律师的工作内容，即值班律师的具体工作包括提供法律咨询、程序选择建议、申请变更强制措施、对案件处理提出意见、在被追诉人签署认罪认罚具结书时在场。

2019 年 2 月，司法部召开全国公共法律服务工作会议，司法部时任部长傅政华指出要深化公共法律服务体系建设，加快整合法律服务资源，加快建成覆盖全业务、全时空的法律服务网络，建设人民满意的现代公共法律服务体系，不断增强人民群众的获得感、幸福感、安全感。2019 年 7 月，中共中央办公厅、国务院办公厅印发《关于加快推进公共法律服务体系建设的意见》，其对法律援助等公共法律服务工作做出部署，要求构建公共法律服务评价指标体系。2019 年 11 月，司法部发布民事行政法律援助服务行业标准——《全国民事行政法律援助服务规范》——规范了法律援助机构及工作人员在民事行政法律援助案件中的具体工作行为。

这一时期的法律援助制度开启了深化发展与提质创新的道路。国家对于法律援助工作更注重高质量、高效率，尽可能满足社会公众对于法律援助服务的巨大需求。由于国家层面对法律援助工作的全面支持，全国法律援助工作取得了显著成果。据统计：截至 2017 年，全国已有超过 90% 的地方将法律援助业务经费纳入财政预算，24 个省（区、市）设立了省级法律援助专项资金。2017 年，全国法律援助经费总额达到 23.5 亿元，增长 11.3%。全国共设立法律援助机构 3200 多个，法律援助工作站总数达 7.1 万余个，全国共有法律援助机构人员和管理人员 1.4 万余人。2017 年，全年全国共办理法律援助案件 130.7 万余件，提供法律咨询超过 838 万人次。[1]

---

〔1〕　数据引自中国政法大学刑事法律援助研究院、中国政法大学刑事司法学院："中国法律援助制度发展报告（2017 年度）"，载 http://www.moj.gov.cn/Directly_subordinate_unit/content/2019-06/25/888_3226583.html.

第四节　我国法律援助制度的发展特点

通过以上对我国法律援助发展历程的分析，我们不难看出，我国法律援助制度虽然起步较晚但发展迅速。法律援助制度在我国的发展呈现出以下三方面特点。

一、由点及面：由试点逐步展开

"摸着石头过河"是我国改革开放以来面对改革创新的制度采取的一种政策。由于我国的地域广阔、人口基数大，任何一项制度的创新所带来的影响都是不确定的。因此，"先试点后推广"成了我国法律援助制度发展路径的重要特点之一。

法律援助制度的萌芽便是从几个大城市的试点开始的，从1994年初到1996年《刑事诉讼法》与《律师法》颁布前后，试点城市从北京、上海、广州、武汉、郑州等几个大城市发展到无锡、镇江、银川、西宁、青岛、长春等中大城市，逐步形成了以广州、北京、上海、武汉、郑州五城市为代表的法律援助工作典型模式，各试点城市积累了丰富的法律援助实践经验，为之后全国法律援助工作的进一步发展奠定了基础。

再如，值班律师制度的发展也呈现着"先试点后推广"的生成路径。我国值班律师制度肇端于2006年。2006年8月，为了进一步推动我国法律援助体制与国际接轨，我国开始探索建立中国特色法律援助值班律师制度，并将河南省修武县确定为首个试点县。项目试点随后于2006年9月正式开始，试点单位逐步扩展至全省市、县两级法院，并从法院扩展至看守所。截至2013年，河南省全省128个看守所均已设立了法律援助工作站，使值班律师工作从审判阶段延伸至侦查、审查起诉阶段。

河南省试点的值班律师制度提供了全覆盖式的法律援助服务，成效显著。同时，随着试点工作不断开展，在各试点中能够发现新制度存在的弊病，进而作出调整，使其与本土具有更好的契合性。例如，杭州市在试点期间发现"值班律师"混同于"律师值班"、法律咨询和辩护的及时性不足、值班律师补贴偏低等棘手问题。[1]正是通过各试点经验的不断总结和改进，值班律师制度才最终得以向全国推广。

二、借鉴吸收：注重法律移植

"他山之石，可以攻玉"法律援助本身就是一种舶来品，起源于英国，其在我国的诞生和发展正是我国对域外法律制度的一种借鉴和学习，属于法律移植。法律移植通常是比较法学中的常用词语，主要是指将特定国家或地区的某种法律规则或制度移植到其他国家或地区，也就是我国官方所指的法律借鉴。法律援助制度便是在法律移植下产生的，在我国建设法律援助的初期，学习他国之长，广泛吸收和借鉴世界各国法律援助立法中反映法律援助一般规律的规定，吸收其精华，采取"拿来主义"的方法并结合我国国情，借鉴他国的经验与教训，用较快的速度建立与完善具有中国特色的法律援助制度。

我国法律援助制度自诞生至今已历三十年，其发展路径本身离不开对各国法律援助制度的学习和借鉴，同时也做到了结合国情，不生搬硬套。如值班律师制度、高校法律援助等法律援助相关制度都是从他国借鉴的。

---

〔1〕　参见周强："最高人民法院、最高人民检察院关于在部分地区开展刑事案件认罪认罚从宽制度试点工作情况的中期报告——2017 年 12 月 23 日在第十二届全国人民代表大会常务委员会第三十一次会议上"，载《人民法院报》2017 年 12 月 24 日。

可见，借鉴他国、法律移植的特点贯穿于我国法律援助制度发展的始末。毫无疑问的是，法律移植能够促使我国学习域外的优秀的制度与规定，但是同样可能出现各种水土不服的问题，再优秀的制度也不能保证在任何情况下都能适用。因此，我们在坚持放眼全球、借鉴学习的同时，要时刻具有本土意识，确保好制度与我国国情相互契合，要让法律移植能够发挥出其所应有的积极作用。

三、因地制宜：具有本土特色

由于我国东西部发展不均衡，贫富差距较大，导致在我国法律援助制度的发展过程中不得不因地制宜，往往要结合各地经济情况，各地法律援助的发展呈现出强烈的本土特色。

例如，北京市法律援助的发展。北京市作为我国首都，在提供高水准的法律服务和多层次的法律援助领域一直是全国的风向标。北京市法律援助经历了由律师开展法律援助向法律援助机构统一实施，司法行政机关进行管理、指导的运行模式的转变；由律师个人慈善行为向政府提供服务的转变。同时，北京市的法律援助工作又呈现出"三个趋势"：社会法律援助需求旺盛且多元化的趋势；案件数量增幅加大的趋势；人民群众对服务能力和服务水平的要求逐步提高的趋势。[1]可见，北京作为法律援助发展的先行者，其法律援助发展状况较好，法律援助事业取得了显著成果。

相较于北京市法律援助事业的发展，其他经济较为落后的地方法律援助的发展仍不理想。如青海省法律援助事业，青海省法律援助事业发展起步虽然较早，但受经济等方面的制约，

---

〔1〕 参见袁钢：《北京市法律援助体系实证研究》，中国人民大学出版社 2017年版。

法律援助的发展不够理想。目前，青海省法律援助事业仍存在着部分基础问题，如法律援助机构的性质尚不明确、经济困难标准不科学、经费投入亟待加大等问题。[1]

通过对以上两地法律援助事业发展情况的介绍，我们可以看出，我国法律援助制度的发展与各地方的基本情况有着密切联系，呈现出了一定的本土特色。

---

〔1〕 参见"青海省法律援助制度的调研报告"，载司法部法律援助工作司编：《健全法律援助制度调研报告汇编》，北京大学出版社 2014 年版。

第三章

我国法律援助制度亟待完善之处

法律援助即法律上的援助、帮扶。法律援助是指在国家设立的法律援助机构的协调和指挥下，律师、公证员、基层法律工作者等法律服务人员为经济困难或特殊案件的当事人给予减免收费提供法律帮助的一项法律制度。我国现行的有关法律援助的法律条文是由国务院在 2003 年颁布的《法律援助条例》。法律援助制度在中国形成发展的十多年来取得了显著进步，但在实践中也暴露出了影响法律援助制度进一步发展的问题，例如在立法、资源和案件质量等方面均存在或多或少的问题。

第一节 法律援助资源尚需扩充

2003 年至 2011 年间，我国的法律援助案件数量约占一审刑事案件数量的 14.5%。[1]总的来讲，我国的法律援助制度虽然起步较晚，但是发展迅速。从 2005 年起，中央财政开始转移支付地方法律援助办案补贴，在 2010 年增加到 10 亿元，并且平均每年以超过 10% 的增长率增长。但是，我国的法律援助仍然无

---

[1] 刘方权："中国需要什么样的刑事法律援助制度"，载《福建师范大学学报（哲学社会科学版）》2014 年第 1 期，第 1 页。

法满足我国公民的需求，资源不足的问题仍然是当前我国法律援助事业的首要问题。

（一）供求需要平衡

我国的法律援助制度存在着供求不平衡问题，法律援助供应量有限，伴随着我国法治建设的发展，人民对于法律服务的需求持续增长，导致我国法律援助制度的资源供应显得供不应求。

首先，供应不足的一大因素即财政上的投入不够充足。2013 年，我国对法律援助工作的拨款为 16.29 亿元，人均法律援助的财政拨款为 1.21 元。[1]而英国 2005 年人均法律援助拨款为 498.22 元、美国 2005 年为 115.98 元、韩国 2007 年为 7.36元。[2]与这些国家相比，我国的人均法律援助经费显得少之又少。接着，从宏观上来看，我国的法律援助经费仅占财政支出的一少部分。据学者统计，这些国家和地区的法律援助经费在财政支出中所占的比例一般为 0.1%~1%，而我国的法律援助经费仅占财政收入比例的 0.0011%~0.0122%。这一比例仅仅是日本的 1/10、丹麦的 1/50、英国及荷兰等国家的 1%。[3]无论从人均财政拨款还是从财政收入所占比例方面来看，都能看出我国长期以来对于法律援助的财政投入不足。

资金投入不足的问题需要依靠我国财政的长期规划来解决。但同时，我国的律师数量在法律援助实践中也呈现出严重不足的现象。截至 2012 年底，我国的律师人数为 232 384 人。从每十万人口拥有的律师数量来看，我国每十万人口拥有 16 名律师，而

---

〔1〕 司法部法律援助中心编：《2013 年中国法律援助年鉴》，中国民主法制出版社 2015 年版，第 204 页。

〔2〕 郑自文："部分国家和地区法律援助经费保障情况"，载《中国法律援助》2009 年第 9 期，第 15 页。

〔3〕 陈永生："刑事法律援助的中国问题与域外经验"，载《比较法研究》2014 年第 1 期，第 42 页。

2004 年的美国，每十万人口拥有 317 名律师。英国、德国、法国的这一数据分别为 154 名、80 名、62 名。[1]从对比来看，我国律师工作者的数量不足是制约我国法律援助发展的问题之一。

（二）区域资源分配需要均衡

上文提到，截至 2012 年底，我国每十万人拥有 16 名律师。这一数据与发达国家相比差距十分明显。但在数量不足的同时，我国法律工作者的区域分布也并不均衡。例如，北京市的每十万人拥有的律师数为全国最高的 109.5 名，上海该数据为 58.4 名。北京、上海、广东、山东、江苏五省市的律师之和占全国律师总数的 41%。而贵州、青海、甘肃、江西、安徽等省每十万人拥有的律师数不到 10 名，其中最少的为西藏，为 4.6 名。[2]通过数据我们不难看出，在经济发达的地区，律师工作者的数量比经济不发达的地区要多很多，同时这种情况近年来也没有安全得到改善，在经济较发达的浙江省，截至 2014 年 6 月，仍有 7 个县（市）只有一家律师事务所，有 8 个县（市）律师人数不足 10 名。[3]

我国律师资源分布不均，许多贫困的区县律师资源稀缺，公民对法律的认识不足，这与我国普遍存在的"厌诉"思想有关，这在农村地区尤为严重。在一些贫困地区，连最基本的律师服务都成了问题，更不用说更高层次意义上的法律援助的实施。分布不均的情况不单单出现在经济情况发达与不发达省市之间，在同一省市内，市区与县区的律师数量也显示出了巨大差别。立足于目前律师逐渐"市场化"的趋势，律师工作者通常想要向"大城市""发达城市"靠拢，而其他经济欠发达、

---

〔1〕 朱景文主编：《中国法律发展报告 2012：中国法律工作者的职业化》，中国人民大学出版社 2013 年版，第 214 页。

〔2〕 数据取自《中国律师行业社会责任报告（2013 年）》。

〔3〕 黄东东："法律援助案件质量：问题、制约及其应对——以 C 市的调研为基础"，载《法商研究》2015 年第 4 期，第 60 页。

地理位置较偏僻的地区则会呈现出律师工作者的巨大缺口现象。

有学者对律师数量与经济发展状况作了一个对比，以地区人均生产总值为条件来对比律师的数量，来研究律师数量与经济发展状况的相关性。从图1中我们可以很清晰地看到每十万人口的律师数量与地区人均生产总值的一个数量关系。在人均生产总值普遍低于10 000元的贫苦县地区，律师数量更为稀少。例如，在内蒙古31个贫困县的人均生产总值为8938元，每十万人的律师数量则为2名。

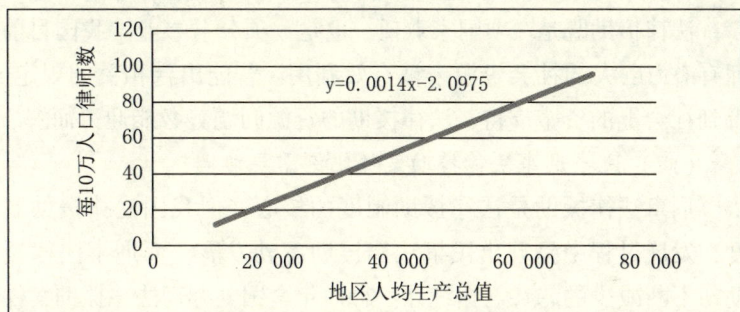

图中公式：$y = 0.0014x - 2.0975$

纵轴标题：每10万人口律师数　横轴标题：地区人均生产总值

图1〔1〕

（三）社会资源需要开发利用

法律援助在产生初期被看作是一项社会公益事业，随着各国对法律援助事业的重视，形成了"国家主导、社会参与"的法律援助形式，社会对于法律援助工作的开展发挥着重要作用。例如，日本的值班律师制度就是由社会上的律师协会在侦查机关设立值班律师，其资金也是由社会律师机构提供。在我国，法律援助制度建立以来，社会法律援助组织发展相对缓慢，对

〔1〕　数据取自冉井富："中国法律工作者的职业化分析"，载朱景文主编：《法社会学专题研究》，中国人民大学出版社2010年版，第444页。

于法律援助的贡献也相对有限。2005 年至 2014 年间，社会组织与法律援助志愿者承办的案件只占案件总量的 2%～5%。对于社会资源的开发和利用，我们国家并没有出台相关的规定，而在国外法律援助案件中社会资源投入发挥着重大作用，在一些较为简单的法律咨询或非诉讼法律案件援助中，法律诊所教育发挥了一定作用。即在校的法学专业的学生为有需要的公民解决较为初级、简单的法律问题。既是对社会资源的一种合理运用，也为法学专业的学生提供了实践的经验。毕竟，法学不仅仅是一门理论学科，在实践中的运用也是法学的精髓。

法律援助既是一项国家责任，也是一项公益事业。我国目前拥有潜力巨大的社会资源未被有效利用，若能出台相关的规定，得到社会上的资金支持，法律援助的资源问题势必能迎刃而解。

（四）民事刑事法律援助案件比例需要协调

刑事法律援助是法律援助制度的核心，但我国法律援助制度在发展过程中呈现出民事法律援助蓬勃发展，而刑事法律援助却不断减少的趋势。据统计：2003 年全国共办理法律援助案件 166 433 件，其中民事案件 95 053 件，占总办案数额的 57%；刑事案件 67 807 件，占总办案数额的 41%。2014 年，全国共办理法律援助案件 1 243 075 件，其中民事案件 997 058 件，占办案总数额的 80%；刑事案件 240 480 件，约占办案数额的 19%。[1]法律援助制度历经十余年的发展，刑事法律援助所占比例从 41% 降至 19%，其主要原因是未完全认清刑事法律援助在法律援助制度中的核心地位。

---

[1] 参见樊崇义编著：《法律援助制度研究》，中国人民公安大学出版社 2020 年版，第 11 页。

第二节 法律援助范围尚需完善

国务院在 2003 年颁布的《法律援助条例》是目前我国现行法律援助的规定。目前，我国《律师法》和在 2018 年 10 月 26 日通过修改的《刑事诉讼法》也有关于法律援助的规定，对法律援助的主体、客体范围和法律援助的具体程序作出了详细规定。但随着我国法治社会的不断发展及法律援助制度的不断实践，法律援助的范围局限性成了当前法律援助制度发展的一大阻力。部分需要法律援助的公民因为自身条件不符合要求而无法获得法律援助、辩护律师因为无法及时地进入诉讼阶段而无法有效地进行辩护。在 2018 年修改的《刑事诉讼法》中，我国首次将值班律师制度以法律条文的形式进行规定，并向全国推广，法律援助制度中范围不合理的问题主要存在于以下几个方面。

（一）客体范围

司法部于 1997 年发布的《司法部关于开展法律援助工作的通知》（已失效）将法律援助定义为："法律援助是指在国家设立的法律援助机构的指导和协调下，律师、公证员、基层法律工作者等法律服务人员为经济困难或特殊案件的当事人给予减、免收费提供法律帮助的一项法律制度。"司法部在其对于法律援助的定义中将客体范围限定为"经济困难者或特殊案件的当事人"。《刑事诉讼法》第 35 条、第 36 条规定了法律援助的客体包括经济困难或者其他原因没有委托辩护人的；盲、聋、哑人，或者是尚未完全丧失辨认或者控制自己行为能力的精神病人；无期徒刑、死刑，没有委托辩护人的。[1]有关法律援助客体的

---

〔1〕《刑事诉讼法》第 35 条："犯罪嫌疑人、被告人因经济困难或者其他原因

"经济困难"的条件，通常是以各地方城市居民最低生活保障标准为门槛。而这个条件是否真的合理呢？刘方权教授在 F 市进行的调研发现，根据 F 市民政部门 2011 年的标准，F 市的城市居民最低生活保障标准为 280 元/月。如果犯罪嫌疑人、被告人月均收入超过 280 元即被认为不符合申请刑事法律援助的经济困难标准。而相对于 F 市刑事辩护每个案件的 3500 元至 23 000 元收费标准而言，280 元的标准显然并不合理，其一年的收入（3360 元）尚不足以支付刑事辩护的最低收费。[1]

在刑事辩护中，只有在犯罪嫌疑人、被告人可能被判处无期徒刑、死刑的案件的情况下，公检法才应当通知法律援助机构为其指派法律援助律师。那么被判处有期徒刑并且没有辩护律师的犯罪嫌疑人、被告人只能自行辩护吗？在美国，公民享受免费刑事法律援助的标准通常放得很宽，任何人只要出不起律师费都可申请刑事法律援助。[2]加拿大规定，如果被告人没有经济能力聘请律师，通常都会得到免费的法律援助。[3]

不得不说，我国法律援助的规定对于受援人的要求过于严苛，有一大部分群体因为条件不符而丧失了获得法律援助甚至是维护自己合法辩护权的机会。在实践中，适当地降低门槛，以犯罪嫌疑人、被告人的实际情况决定是否为其提供法律援助，

（接上页）没有委托辩护人的，本人及其近亲属可以向法律援助机构提出申请。对符合法律援助条件的，法律援助机构应当指派律师为其提供辩护。犯罪嫌疑人、被告人是盲、聋、哑人，或者是尚未完全丧失辨认或者控制自己行为能力的精神病人，没有委托辩护人的，人民法院、人民检察院和公安机关应当通知法律援助机构指派律师为其提供辩护。犯罪嫌疑人、被告人可能被判处无期徒刑、死刑，没有委托辩护人的，人民法院、人民检察院和公安机关应当通知法律援助机构指派律师为其提供辩护。"

〔1〕刘方权："中国需要什么样的刑事法律援助制度"，载《福建师范大学学报（哲学社会科学版）》2014 年第 1 期，第 1 页。

〔2〕宫晓冰："美国法律援助制度简介"，载《中国司法》2005 年第 10 期，第 97 页。

〔3〕宋英辉等：《外国刑事诉讼法》，北京大学出版社 2011 年版，第 162 页。

而不是将不符合的群体全部拒之门外。这样才能使公民对于获取法律援助具有希望，从而产生对司法公正的信任。

（二）诉讼阶段范围

法律援助诉讼阶段范围的问题，即法律援助的及时性的问题，法律援助在诉讼的哪个阶段能够开始发挥作用影响着法律援助的质量。2018 年修订的《刑事诉讼法》第 38 条首次在侦查阶段赋予了辩护律师给予犯罪嫌疑人法律帮助的权利。《刑事诉讼法》第 34 条规定了犯罪嫌疑人自被侦查机关第一次讯问或者采取强制措施之日起，有权委托辩护人。在侦查机关第一次询问后，应当告知犯罪嫌疑人有权委托辩护人。

在犯罪嫌疑人被告知有可委托辩护人的权利之后，侦查机关首先要看犯罪嫌疑人及其亲属是否需要聘请律师，只有在经过一段时间，犯罪嫌疑人仍然没有委托辩护律师，且符合应当通知法律援助机构指派辩护律师时，侦查机关才会去通知法律援助机构为其指派法律援助辩护律师。但是，《刑事诉讼法》以及各项规定并未规定这段时间有多长。所以，如果侦查机关迟迟不通知法律援助机构指派律师，那么法律援助辩护律师便无法及时介入刑事诉讼阶段。及时性的问题即法律援助工作者介入时间的问题。《关于刑事诉讼法律援助工作的规定》第 7 条、第 8 条的规定，被羁押的犯罪嫌疑人、被告人提出法律援助申请的，侦查机关应当在收到申请的 24 小时内将其申请转交或者告知法律援助机构并提供有关证件、证明等相关材料。法律援助机构收到申请后应当及时进行审查并于 7 日内作出决定。经审查，如果认为犯罪嫌疑人符合法律援助条件，作出予以法律援助决定的，根据《办理法律援助案件程序规定》第 20 条第 2 款的规定，法律援助机构应当自作出给予法律援助决定或者收到指定辩护通知书的之日起 3 个工作日内指派律师事务所安排律师承办，或者安排本机构的法律援助律师承办。[1] 根据规定来看，如果侦查机关迟迟不通知法律援助机构或不告知犯罪嫌疑人可以申请法律援助，并且以等待犯罪嫌疑人近亲属聘请辩护律师为由，那么犯罪嫌疑人获得法律援助服务的时间就可能超过 14 天（24 小时+3 天+7 日+3 日）甚至更长。这将与《刑事诉讼法》规定的犯罪嫌疑人自被侦查机关第一次讯问或者采取强制措施之日起，有权委托辩护人的法律规定相违背。更进一步地来看，《刑事诉讼法》第 38 条[2]也可能因侦查机关的拖延而无法发挥作用。

在辩护律师有权在侦查阶段为犯罪嫌疑人、被告人提供法律帮助的诉讼体系下，法律援助律师如果不能像辩护律师那样及时介入侦查阶段，对于之后律师在案件的审查起诉、审判阶段作用的发挥将产生极为不利的影响。

此外，2018 年修订的《刑事诉讼法》也体现了值班律师制度。[3] 目前，我国对值班律师的定位仍不明确，是为犯罪嫌

---

[1] 刘方权：“中国需要什么样的刑事法律援助制度”，载《福建师范大学学报（哲学社会科学版）》2014 年第 1 期，第 1 页。

[2] “辩护律师在侦查期间可以为犯罪嫌疑人提供法律帮助；代理申诉、控告；申请变更强制措施；向侦查机关了解犯罪嫌疑人涉嫌的罪名和案件有关情况，提出意见。”

[3] 其实，值班律师制度在 2014 年最高人民法院、最高人民检察院、公安部、司法部印发的《关于在部分地区开展刑事案件速裁程序试点工作的办法》、2015 年中共中央办公厅、国务院办公厅印发的《关于完善法律援助制度的意见》、2016 年最高人民法院、最高人民检察院、公安部等印发的《关于在部分地区开展刑事案件认罪认罚从宽制度试点工作的办法》中对于值班律师制度已经做出了初步规定。2017 年最高人民法院、最高人民检察院、公安部等印发的《关于开展法律援助值班律师工作的意见》（下文简称《意见》）中规定了值班律师的五条法定职责：（1）解答法律咨询。（2）引导和帮助犯罪嫌疑人、刑事被告人及其近亲属申请法律援助，转交申请材料。（3）在认罪认罚从宽制度改革试点中，为自愿认罪认罚的犯罪嫌疑人、刑事被告人提供法律咨询、程序选择、申请变更强制措施等法律帮助，对检察机关定罪量刑建议提出意见，犯罪嫌疑人签署认罪认罚具结书应当有值班律师在场。（4）对刑讯逼供、非法取证情形代理申诉、控告。（5）承办法律援助机构交办的其他任务。同时，明确规定，法律援助值班律师不提供出庭辩护的服务。

人提供法律帮助的"法律工作者"还是为保障犯罪嫌疑人人权甚至辩护权的"准辩护人"？如果仅仅是前者，那么又如何保证在固定侦查机关、固定岗位设立的值班律师不会成为仅仅是承担"见证"职责的"法律工作者"？如果为后者，则应当进一步明确在进入下一诉讼阶段时，值班律师如何与犯罪嫌疑人的辩护人进行交接或者实现自身身份的转变，从值班律师转变为犯罪嫌疑人、被告人的法律援助辩护律师。

笔者认为，值班律师应当是弥补法律援助制度在侦查阶段或者说是在法律援助辩护律师介入诉讼程序前阶段的一名"准辩护律师"。在其履行完值班律师所规定的职责之后，应当赋予其参与之后审查起诉、审判阶段的"辩护人"身份。也就是说，在侦查阶段结束以后，应当给予犯罪嫌疑人权利让他选择是否让值班律师继续担任其辩护人。因为值班律师对于案件有一定的了解、与犯罪嫌疑人有一定的接触，让他来继续为犯罪嫌疑人辩护，可能会使法律援助的效果有所提升。

第三节　法律援助案件质量尚需提高

目前，我国的法律援助通常是由侦查机关通知犯罪嫌疑人有权利申请法律援助或者由侦查机关、法院为特殊案件的当事人指定辩护律师，担任辩护律师的通常是法律援助机构的律师或者社会律师。对于法律援助案件，律师的积极性并不强，因为在律师行业走向市场化的背景下，与正常案件的收入相比，法律援助案件的补贴相对很少，很难调动律师的积极性。虽然为弱势群体提供免费法律服务被认为是律师的职业道德，但在社会实践中，律师办理法律援助案件的质量很难令人满意。

一、案件办理质量问题

笔者参考了黄东东教授于 2014 年在 C 市开展的一项调研。在对法官、检察官关于法律援助案件质量的问卷调查中，有53.1%的法官和检察官认为法律援助案件质量一般（48.4%）或不好（4.7%），有 50.1%的法官和检察官认为法律援助律对受援者提供法律帮助的作用不大[1]，说明法律援助案件的质量的确不如想象得那么好。

而在一项针对法律援助律师具体质量问题的调查中，"辩护词过于简单""可以收集的证据不收集"和"质证辩护不力"[2]问题依然存在，从前两个问题可以看出援助律师的责任心不强，同时对于案件并没有认真地进行了解与分析。这样的法律援助对于受援者而言用处的确不大。由于目前法律对于法律援助的质量监管不明确、不严格。援助人员只希望按部就班地完成辩护工作，却不追求辩护的效果。法律援助逐渐开始"走过场"，在法庭上援助律师对于案件细节不做任何的发问、质询，仅仅是提出一些"初犯""证据不足、事实不清"的意见，却不为一些需要花费时间收集的有实质性作用的证据（例如"程序违法""鉴定意见不准确"等）下功夫，辩护效果自然不尽如人意。

二、案件补贴问题

法律服务市场具有逐利性，而法律援助则是依靠律师职业

---

〔1〕 黄东东："法律援助案件质量：问题、制约及其应对——以 C 市的调研为基础"，载《法商研究》2015 年第 4 期，第 57 页。

〔2〕 黄东东："法律援助案件质量：问题、制约及其应对——以 C 市的调研为基础"，载《法商研究》2015 年第 4 期，第 57 页。

道德的非法律的强制要求。对于案件的激励设置影响着案件的辩护效果、案件质量。上文提到，F 市的一个刑事案件的律师服务收费为 3500 元至 23 000 元，而 F 市各区县法律援助机构给每件刑事法律案件承办律师的补贴则为 600 元至 1200 元。[1]与 F 市相同，Z 市办理法律援助案件的补贴标准市分别为市级 1000 元，县区级 200 元至 600 元不等。[2]承办人员普遍认为这一补贴标准太低，使承办人员的积极性大打折扣。市场律师服务的收费与法律援助的补贴之间存在巨大差距，这中间的差额单靠律师的职业道德是不能弥补的。"一分钱一分货"这样的思想在律师行业一定存在，在市场化的法律服务行业下，如果法律援助希望靠社会法律市场的参与，对援助律师的激励便必不可少，这样他们的积极性才能得到提高，更高层次的职业道德才有机会得以体现。

同时，刑事案件对于律师时间的耗费较长，如果律师对于法律援助案件没有较大的积极性，所导致的自然是案件的质量无法得到保障。律师不愿意在法律援助案件中花费过多的时间，仅仅靠简单的阅卷，很可能遗漏有利于犯罪嫌疑人的证据、忽视侦查人员程序上的违法行为等。在律师行业中，有部分律师存在这样的现象：在办理法律援助案件中，开庭以前甚至没有会见过犯罪嫌疑人、被告人，开庭前几分钟才大概阅卷，在法庭上除了发表辩护意见之外不再进行任何发问。

在美国，法律援助大概有三种模式：①专门的公共辩护人办公室模式。该办公室雇佣的所有律师都领取政府薪金，具体

---

[1]　刘方权："中国需要什么样的刑事法律援助制度"，载《福建师范大学学报（哲学社会科学版）》2014 年第 1 期，第 1 页。

[2]　李锦峰："法律援助制度存在问题及对策研究——以张家口市法律援助为例"，燕山大学 2016 年硕士学位论文，第 14 页。

工作为向犯罪嫌疑人和被告人提供法律援助。②私人律师模式。即由法庭为不能聘请律师的被告指派私人律师提供法律援助，由政府向私人律师支付报酬。③合同制模式。由政府与某律师事务所一年签订一个合同，订明政府向该律师事务所每年提供的经费数额和该律师事务所每年提供法律援助的有关内容。采取"一揽子"包干的方式，而不是临时决定办一个案子给多少钱。[1]这样的三种模式，都可以保障律师的办案补贴，不再因为与社会法律服务律师费用的差额致使援助律师的积极性受到打击。

三、案件监督问题

对于法律援助案件承办的监管，我国也没有出台相应的规定。律师对于法律援助案件的质量全靠自己的职业道德来负责，没有专门的机关对法律援助案件进行有效、严格的质量审查。

法律援助案件的质量是法律援助制度成败的关键，而对于质量的审查监督，也是质量保障的关键。对于法律援助机构、援助律师轻视法律援助案件、在法律援助中失职的现象，我国缺少责任追究程序和制裁性后果；对于法律援助案件质量缺少一定的规范，没有门槛；对于草草应付法律援助案件的行为难以控制、制裁。没有建立援助案件的质量监控、质量评估体系，没有设置专门人员对整个案件进行案后审查，这样的漏洞也是法律援助律师在法律援助案件中不认真仔细办案的重要因素，是影响着案件质量的原因之一。

---

〔1〕 宫晓冰："美国法律援助制度简介"，载《中国司法》2005年第10期，第97页。

第四节　法律援助制度管理体制尚需改进

我国法律援助工作的开展主要是由政府来主导，通过法律援助机构对法律援助案件进行组织、管理、监督，同时法律援助机构自身也可以提供一定数量的法律援助服务。而法律援助机构作为法律援助工作的重要环节之一，其自身定位仍不明确。《法律援助条例》第21条规定："法律援助机构可以指派律师事务所安排律师或者本机构的工作人员办理法律援助案件；……"法律援助机构目前履行的是双重职能，对于自身定位的不明确，导致了法律援助机构在管理和办理之间产生了异化。

一、法律援助机构职能需要优化

我国法律援助工作中，法律援助机构既履行行政职能又提供法律服务。数据显示：2011年办理刑事法律援助案件的社会律师和法律援助机构律师的数量占比分别是73.2%和26.8%；2012年改变为75.34%和24.66%；2013年发展为78.69%和21.31%。[1]法律援助机构办案比例的下降表明机构人员难以兼顾行政工作者与服务提供者的双重身份，导致行政效率不高。

由法律援助机构提供法律服务本身就存在一定的缺陷，援助机构本身就是案件质量的监管者，自身又可以提供法律服务，这样既当运动员又当裁判的设置影响了其监管者的权威。法律援助机构的工作者既可以领取国家的工资，同时又可以通过办理案件领取案件的补贴。数据显示：2003年至2013年的办案经

---

〔1〕 顾永忠、杨剑伟："我国刑事法律援助的实施现状与对策建议——基于2013年《刑事诉讼法》施行以来的考察与思考"，载《法学杂志》2015年第4期，第36页。

费占经费收入总额的 25% ~ 36%，而 60% 的经费支出并没有被用于案件的办理[1]。

根据国外的经验来看，法律援助机构的设置主要履行的是管理、监督职能。而法律援助机构直接提供援助服务的核心原因均在于：原有社会律师资源难以充分满足不同地区、不同时期的司法需求，因而需要法律援助机构动用国家力量进行建设，以弥补这一不足。[2]根据目前的律师资源情况，我国具有很大的区域分布性，不同地方律师资源存在很大差异。所以，统一法律援助机构的职责以及限制其提供法律援助服务与否应根据各地的实际情况加以区分。更重要的是，明确法律援助机构的行政化职能，降低其参与法律援助的频率，更多地作为组织者、监管者去对法律援助服务进行审查、监督。这样的机制才能更好地发挥法律援助机构自身的行政化职能，更有利于法律援助工作的开展。

二、法律援助机构设置需要统一

法律援助机构是开展法律援助工作的组织基础，也是法律援助管理的重点。自建立法律援助制度以来，其设置问题便一直存在争议，未能得到有效解决。

法律援助机构性质不统一的问题是法律援助机构设置的主要问题。目前，法律援助机构主要包括行政性质法律援助机构、参公管理法律援助机构和全额拨款事业单位三类。这些机构的存在早于《法律援助条例》的颁布，但《法律援助条例》却未

---

〔1〕 司法部法律援助司："2012 年全国法律援助工作概览"，载《中国司法》2013 年第 6 期，第 43 页。

〔2〕 吴宏耀、赵常成："法律援助的管理体制"，载《国家检察官学院学报》，2018 年第 4 期，第 32 页。

能解决该问题。国务院考虑到当时各地法律援助机构的设置情况，既要确认已有的法律援助机构，又要给予地方司法行政机关设置法律援助机构的空间，将法律援助机构的设置权完全授予了地方司法行政机关，导致各种性质的法律援助机构层层设立。这样的情况不仅在全国范围内存在，在各省份中同样存在，甚至在某个设区市中，所属各县（区、市）法律援助机构的性质也不尽相同。[1]

目前，中国进入全面小康社会的决胜阶段，物质生活质量的不断提高推动着国民思想的高度提升。中央全面依法治国委员会的顶层设计及工作要点等重大部署，为加快建设社会主义法治国家进一步指明了方向和道路。法律援助制度在如今这一国家法律建设的关键阶段也应得到发展。

---

〔1〕　参见郭婕：《法律援助制度研究》，红旗出版社 2018 年版，第 11 页。

第四章

我国法律援助制度完善之对策

　　法律援助制度作为我国保障公民辩护权的一项重要制度，已在我国发展了二十余年。事物的发展往往会经历一个不断完善的过程，从法律援助理论的提出，到出台相应的法律法规，再到法律援助制度的逐渐完善。从整体来看，我国法律援助制度在实践中发挥了相当大的作用，但在具体落实中仍存在些许不足，亟待通过有关对策对法律援助予以完善。完善法律援助制度之根本目的是发挥法律援助的实质性作用，实现保障公民辩护权的根本目的，完善制度首先需要带着问题意识去思考现存制度的不足，针对问题对症下药。当前，法律援助制度的问题部分是由我国法律援助事业自身的局限性造成的，也有部分是由我国的具体社会环境造成的，因此在提出对策时既要站在全球的角度分析，也要从我国自身国情出发，提出体现中国特色、具有针对性和可操作性的优秀对策。

第一节　资源不足的完善

　　目前，我国法律援助的办案数量显然无法满足我国公民对于法律援助的需求量，资源不足问题是制约我国法律援助事业发展的首要问题。

一、加大财政投入

经济基础决定上层建筑。法律援助资源主要受限于国家的财政投入，2013 年我国对法律援助工作的拨款为 16.29 亿元，人均法律援助的财政拨款为 1.21 元。[1]到了 2017 年，全国法律援助经费总额达到 23.5 亿元，增长了 11.3%，但人均法律援助经费仍不足 2 元。相关数据统计显示：英国 2005 年人均法律援助拨款为 498.22 元、美国 2005 年为 115.98 元、韩国 2007 年为 7.36 元。[2]这些数据上的差距反映出我国在法律援助上的拨款不足。此外，发达国家的法律援助拨款主要被用于给予律师补贴，而我国财政投入有很大一部分用于行政经费。经费不足的问题对法律援助的影响是巨大的，就刑事法律援助而言，由于刑事法律援助的案件对律师积极性要求较高，对案件质量有一定要求，经费的多少直接影响着律师工作的积极性，甚至决定了被告人是否能够得到真正公正的判罚。所以，加大法律援助的财政投入是当前解决法律援助经费不足的重要举措。完善我国法律援助制度财政投入不足的问题应当着手于以下几个方面：

（1）将法律援助经费列入地方财政预算。目前，我国法律援助经费主要来源于中央专项拨款，但在中央对法律援助直接拨款的同时，地方政府也应将法律援助经费列入地方财政预算，因为各地对于刑事法律援助的需求不同，经济发展也不均衡。按照法律援助需求量以及每个案件的成本标准，建立最低经费保障制度。而政府经费应当包括：法律援助机构工作人员的工

---

〔1〕　司法部法律援助中心编：《2013 中国法律援助年鉴》，中国民主法制出版社 2015 年版，204 页。

〔2〕　郑自文："部分国家和地区法律援助经费保障情况"，载《中国法律援助》2009 年第 9 期，第 15 页。

资、办案所需的交通费和通信费、社会律师办理案件的补贴等。各项经费应当根据各地不同的生活标准来计算，依据各地经济发展状况来调整。

（2）扩大法律援助经费的来源范围。如果各地政府只靠政府自身的拨款并不能满足法律援助需求，那么就要想办法扩大资金的来源范围。比如，可以通过目前民间成立的不同团体和单位开展公益捐款，在各地方成立法律援助基金会向社会上所有公民募集资金。对在法律援助方面发挥重大作用的部门、团体、单位以及个人进行表彰、奖励，以尽可能扩大经费来源。解决了经费问题，法律援助就能在案件办理质量和案件办理数量上实现一个"双飞跃"。

（3）加强对法律援助经费的管理监督。法律援助经费应当只被用作法律援助案件的办理、相关人员的工资和办理案件的相关支出，法律援助经费的使用也要由专门的财政、审计部门进行监督。法律援助机构不应是法外之地，应明确法律援助经费的使用与管理主体，对挪用、占有法律援助经费的行为要出台相关的规定或解释予以规制。2009年7月，司法部下发《司法部关于进一步加强法律援助经费使用管理监督工作的通知》，明确要求"不得将法律援助办案专款用于弥补县（区）司法局和法律援助机构人员经费和公用经费的不足"。同时，《法律援助条例》也规定："法律援助机构及其人员挪用法律援助经费，情节严重，构成犯罪的，依法追究刑事责任。"

二、实施政府购买法律服务机制

如果将法律援助制度视为公共产品的生产系统，在此系统一端是法律援助经费的财政输入，输出产品具体体现为各类法律援助案件和法律咨询服务，其输出量体现了国家对法律援助服务的供给能力。[1]我国法律援助制度存在着供求不平衡的问题，对于资源的输入严重不足。在这样的背景下，为了使输出产品的效率最大化，使法律援助形成系统运转的市场，以市场化购买的方式来换取法律服务未尝不是可行之策。

2014 年，由财政部、民政部、原国家工商行政管理总局联合下发的《政府购买服务管理办法（暂行）》（已失效）将法律服务纳入了政府购买服务的范围。2014 年至 2015 年，湖南省在 6 个市开展了政府购买法律服务试点工作。2015 年，湖南省各级政府购买法律服务案件办理数量为 3500 件，占全省案件数的 10%。[2]从购买法律援助服务的数量来看，其效果是良好的。从试点来看，政府购买法律援助服务机制是可行的。2015 年 6 月的《关于完善法律援助制度的意见》明确提出要加大政府购买法律服务的力度，为法律援助市场化指明方向。

法律援助服务的市场化，就是以购买法律服务的方式来获得法律援助。购买法律援助服务机制的建立要注意以下三个问题：第一，政府在这个过程中要做的是秉承"以最低的价格获得最好商品"的市场利益准则。用有限经费来获取数量更多、质量更好的服务。法律服务不同于市场内的"商品"，法律审判结果不会被律师主观意识和行为左右，但是又要体现法律服务的质量。既然不能依结果来判断"商品的质量"，就应该从过程上要求法律援助服务的规范化。第二，要厘清政府购买与法律援助服务主体之间的职责。从我国的部分试点来看，法律援助服务的购买主体被确定为各级司法行政部门，但是在实践中，

---

〔1〕　胡铭、王廷婷："法律援助的中国模式及其改革"，载《浙江大学学报（人文社会科学版）》2017 年第 2 期，第 78 页。

〔2〕　廖红军："完善政府购买法律援助服务的思考——基于对湖南试点推行政府购买法律援助服务的分析"，载《中国司法》2018 年第 3 期，第 43 页。

部分法律援助机构负有受理、审查、指派法律援助案件的责任，需要对购买主体范围进行明确。同时，法律援助服务的提供者需要对承接主体的资格进行认定，只有具有一定的提供法律援助的能力、办理案件的经验的律师或法律工作者才能承接法律援助案件。第三，法律援助的服务范围，即所购买的法律服务的内容。针对法律援助本身的含义，所购买的法律服务应该包括：①法律援助案件代理、刑事辩护服务。②法律咨询服务。③法律援助的规划、政策研究和宣传服务。④法律援助人员的培训。⑤法律援助对象情况的收集、需求的评估以及法律援助质量的评估等信息管理工作。⑥政府委托的其他法律援助服务。从这三个方面对政府购买法律援助服务的原则、主体、内容进行完善，建立政府购买法律援助服务的机制。

三、合理配置资源

经济发展状况的不均衡直接导致各地律师资源分布不均衡，进而影响到了法律援助资源的区域平衡，需要建立相关制度，对法律援助资源进行合理配置。

第一，各地方应根据辖区内的人口、经济状况、对法律援助的潜在需求来分析所需法律援助律师的数量。通过提高福利、增加案件补贴等方式吸引社会律师，从律师资源上满足法律援助的需求。

第二，提高法律援助机构工作人员的待遇，根据各地情况决定机构工作人员是否需扩招或裁员。目前，法律援助机构的工作人员也承担了一部分法律援助案件。扩大法律援助机构人员的规模，提高工作人员的素质、能力，能够在很大程度上缓解区域性律师资源匮乏的问题。

四、引入社会力量

法律援助不应该仅是一项由政府主导、律师执行、市场作用的制度。未来我国应重点培养社会法律援助力量，通过社会力量的补充来解决政府、市场中存在的不足，扭转政府力不从心，市场供需不等的现状。

（一）划定社会参与的范围。

与政府、司法机关人员相比，社会力量可能在专业能力上稍显不足。所以，在划定法律援助的范围时，根据社会资源的特点，可以将法律援助咨询、代拟法律文书、法律援助宣传等业务划分给社会资源负责，以缓解政府的压力与责任。对于法律咨询、代拟文书等业务，在当事人申请后应该进行分流，直接交由社会援助力量负责。对于较为复杂的辩护、诉讼等业务应当继续由政府负责分配。在宣传方面，社会援助力量应该发挥自己"在人民中间，来自于人民"的优势，与特定的人群建立密切的联系，对于具有代表性的法律援助案例进行有效的宣传，提高法律援助的知晓度。让人民知道什么是法律援助，为什么需要法律援助。与政府相比，社会力量的参与能够大大拉近自身与当事人的距离，对于当事人的安抚、指导会有更好的效果。

（二）社会法律援助专门化。

目前，民间的法律援助组织没有明确定位，也没有竞争力，不能发挥应有的补充作用。要促进社会法律援助组织的专门化、专业化，获得社会的信任。通过宣传自身价值定位，提升自身力量，广泛吸收社会资源，壮大队伍。让社会能够有效地扶持法律援助，以专业化、精品化的模式对当事人进行援助，令当事人产生一定的信任与赞同，并最终成为法律援助事业的一大助力。

（三）对社会法律援助机构制定长远规划

社会法律援助通过参与社会活动获得生存和发展的资源，实现法律援助资源获取的多样化。[1]社会化的法律援助目的是通过政府以外的渠道获得资源与服务，所以要从社会自身寻找资源，通过对慈善组织、基金会募集捐款，形成独特的资源链。同时，对社会法律援助的前景、发展进行一定的规划，合理地运用、分配社会的资金、资源。

五、高校参与法律援助

高校参与法律援助也被称为诊所法律教育，起源于美国，其含义是让各个高校的法学学生加入法律援助的队伍，通过将法律援助实践作为一门选修课或将其列入教学大纲中，来要求法学学生参与法律援助事业。诊所法律教育既是对学生实践能力的一种锻炼，也是对法律援助事业的一种贡献。在法律援助中，法律诊所的学生既要运用已有的法律知识，也要接触具体的案件，而且还要出庭办案。[2]这种形式不仅可以丰富学生的法律知识，也可以提高法律工作者的能力。对于法律诊所教育的发展，我国应该从四方面着手：

第一，明确机构和参与主体的资格。只有赋予参与人合法的资格，诊所法律教育才能进一步发展。将高校参与法律援助形成一个机构或组织，以一种社会单位的形式加入法律援助的队伍。在法律上给予这个单位一个合法的主体资格，对参与的学生、人员提供身份上的保障与确认。

---

〔1〕 胡铭、王廷婷："法律援助的中国模式及其改革"，载《浙江大学学报（人文社会科学版）》2017年第2期，第89页。

〔2〕 王立民："法律援助与'诊所法律教育'"，载《政治与法律》2005年第1期，第27页。

　　第二，完善诊所法律教育的内部管理体系。高校法律援助作为一个组织应当有自己的内部章程、规定、机制。在内部划分出不同的部门来行使不同的职责，承担不同的义务，来使这个组织能够有效地运行、发展。

　　第三，强化对高校法律援助的监督。对于高校参与法律援助，政府应当给予鼓励与表彰。高校法律援助组织在具体业务上应该由司法行政部门进行管辖、分配，而在教学内容上应该由教育部门进行指导。由民政部门、司法行政部门和骄傲与主管部门根据分工配合的原则，对其实施监督检查、处罚奖励等，禁止其从事营利性服务，促进机构的有序发展。在财务管理方面，还应接受财政部门、审计机关的监督。[1]对于高校法律援助的监督，还要建立对法律援助质量的事后评估、当事人问卷等，促进服务质量的提升，有效地发挥高校的资源，对法学学生形成有针对性的锻炼与提升。

　　第四，实行法律教育改革，开展法律援助相关课程。各高校的法律专业应开展相关的法律援助实践课程来提高法学专业学生的实操能力，法律的学习不应仅停留在书本上、理论上，对法律的运用更能体现法律的价值所在。如把法律援助开设为一门必修课程，让学生能真正体验到法律实践工作，包括学习与人沟通的技巧、分析语言、体会客观真实与法律真实、制作法律文书、调查取证、起诉、参与庭审、领教询问和庭辩的技巧、体悟举证责任与证明标准、从失败中反思获益等，真正能学以致用，又在知识的使用中促进学习、求知、得到进步，形成良性循环。例如，美国的法学教育方法，将成立的高校法律援助机构与法学教育相结合，为大学生提供一个新的实践课

---

〔1〕　刘洋："法学院校参与刑事法律援助机制研究"，载《中国司法》2018 年第 8 期，第 63 页。

堂——大学法律援助中心，在这个新平台进行职业教育与训练，不再让他们各行其是，将法学课程同大学生法律援助这二者充分的结合以发挥教育功能和法律援助功能。首先，学生普遍获得了实践的机会，而不是像在单一援助模式下那样，个别较为优秀的学生才能获得亲身经历司法实践的机会，这契合了平等的思想，也有利于提高学生的总体素质。其次，将法律援助设置为课程，那么经费、师资、人员匮乏的难题将迎刃而解。而且，将法律援助设置为课程恰恰响应了增强大学生社会实践能力的号召，与暑期社会实践相比，具有无可比拟的优越性。这种实践是长期的、专业的、稳定有传承的、极具针对性的，同时收效又是显著的，况且，用人单位也会十分看重学生的实践经历。[1]

第二节　法律援助案件质量的完善

解决法律援助的案件质量问题是实现法律援助社会效果的重要保障。如果连法律援助案件的质量都得不到良好的保障，法律援助制度必将形同虚设，公民的基本权利也无从保障。因此，笔者拟从以下三个角度来完善当前法律援助案件质量方面的问题。

一、法律援助律师队伍建设

律师作为开展法律援助工作的主要群体，其队伍建设决定着每起案件的受援人能否得到有效的法律帮助。完善法律援助案件质量必须要从法律援助案件的办理主体抓起，从多角度完善律师队伍建设工作。

---

〔1〕　参见胡小彧、李泊毅：“高校法律援助困境与出路探索”，载《西南石油大学学报（社会科学版）》2013年第4期，第75页。

（一）加强律师的职业伦理培训

根据我国《法律援助条例》第 21 条的规定："法律援助机构可以指派律师事务所安排律师或者安排本机构的工作人员办理法律援助案件；也可以根据其他社会组织的要求，安排其所属人员办理法律援助案件。"办理法律援助的主体不仅包括律师，还包括法律援助机构和其他社会组织中的工作人员和所属人员。但同时，最高人民法院、最高人民检察院、公安部和司法部《关于印发〈关于刑事诉讼法律援助工作的规定〉的通知（2013 年修改）》[1]将办理刑事案件的法律援助律师限定为"法律援助机构指派的律师"，因此真正能够提供刑事法律援助的人员只能是律师，包括法律援助机构的律师和社会律师。但是，在以经济利益为导向的律师行业中，一部分律师对办理法律援助案件的积极性不高，对法律援助案件的态度仅是应付司法局和律师协会的任务。消除这部分律师消极的案件办理态度，要从职业伦理方面入手，明确律师的社会责任和职业使命，对律师进行思想和道德教育。

（二）构建合理的社会律师、公职律师与法律援助律师队伍

目前，我国法律援助的律师主要分为社会律师、公职律师和法律援助律师三类，在法律援助事业中发挥着不同作用。社会律师是指取得了律师职业资格证书，在律师事务所实习 1 年后取得律师执业证，并在律师事务所执业的法律执业人员。公职律师是指供职于行政机关或者依法履行社会公共管理、服务职能的事业单位或者政府法律援助机构，取得公职律师执业证，

---

〔1〕 该通知第 9 条规定："犯罪嫌疑人、被告人具有下列情形之一没有委托辩护人的，公安机关、人民检察院、人民法院应当自发现该情形之日起 3 日内，通知所在地同级司法行政机关所属法律援助机构指派律师为其提供辩护：（一）未成年人；（二）盲、聋、哑人；（三）尚未完全丧失辨认或者控制自己行为能力的精神病人；（四）可能被判处无期徒刑、死刑的人。"

专门为本机关单位提供法律服务的律师，包括政府公职律师、事业单位公职律师和法律援助公职律师。法律援助律师专指供职于法律援助机构，取得律师执业证的国家工作人员。三种不同的律师基于所属的单位以及所负责的法律援助事务的不同而存在一定矛盾，三者之间的关系并没有得到良好的协调。因此，律师队伍建设工作的重点之一就是协调三者之间的关系，以有利于更好地开展法律援助的工作。第一，要注意公职律师和社会律师之间的优势互补，因为社会律师接触的案件种类多、数量多，有丰富的社会经验、办案经验，更精通业务、通人脉并有见识。法律援助机构可以考虑聘请社会律师担任法律顾问来弥补公职律师办案经验的不足。第二，要促进社会律师和法律援助律师的交叉融合，鼓励更多有经验的社会律师成为法律援助专职律师，为受援人提供更为优质的法律援助服务。

（三）抓好法律援助律师人才队伍建设

法律援助事业需要依靠律师人才队伍来开展，在保证经费充足的基础上，要加强人才队伍的建设，促进法律援助事业的高质量发展。第一，应当建立可持续发展的法律援助人才建设模式。目前，在我国法律援助事业中发挥作用的主体不仅只包括律师，基层法律工作者也承担着相当一部分的法律援助工作，体现着社会力量在法律援助事业中发挥的巨大作用。考虑到法律援助是国家责任和政府义务，必须始终坚持扩大专业律师队伍的基本方针，加大"供给侧"改革力度，储备律师资源，缓解供需矛盾。第二，推进法律援助人员的专业专职化，为了满足法律援助的巨大需求，同时更高效地提供专门化、常态化、标准化的法律援助服务，应考虑由法律援助管理部门与具体实施机构设置专职化人员，建立专职化法律援助律师队伍。第三，提高法律援助人员的办案补贴。对于法律援助律师队伍建设而言，一味强调从思想道德上进行建设是远远不够的，办案补贴问题也非常重要。这不仅仅是对法律援助人员的基本经济保障，也是对法律援助人员的一种奖励机制。

二、加强法律援助案件质量评估

2015 年 6 月 29 日，中共中央办公厅、国务院办公厅印发了《关于完善法律援助制度的意见》，在进一步推进我国法律援助制度发展的实践基础之上，还提出要从"扩大法律援助范围""提高法律援助质量""提高法律援助保障能力""加强组织领导"四个方面着手来完善我国法律援助制度。其中，提高法律援助质量对于实现法律援助的社会效益具有重要的保障意义。因此，要推进法律援助的标准化建设，创新法律援助的案件质量评估机制，开展案件质量的评估工作，以使法律援助得以为公民权利提供有效保障。

（一）建立统一的质量评估标准。

法律援助案件不同于其他案件，由于涉及因素较为复杂，对于法律援助案件的评估通常需要受援人、公检法等多主体的配合和帮助。当前，我国还未建立统一的衡量法律援助服务质量的标准，但部分省市已经出台了一些有关法律援助案件质量评估的规定。如山西省制定的《山西省法律援助案件质量百分评查办法（试行）》，浙江省制定的《浙江省法律援助案件质量标准化管理规定》，安徽省制定的《安徽省法律援助案件管理质量标准（试行）》《安徽省刑事法律援助案件质量标准（试行）》《安徽省民事法律援助案件质量标准（试行）》等规范性文件。[1]这些规范性文件针对法律援助案件的质量评估提

---

〔1〕　参见樊崇义编著：《法律援助制度研究》，中国人民公安大学出版社 2020年版，第 176 页。

出了许多有效的措施，体现了对于法律援助质量的关注力度。如《重庆市合川区法律援助案件质量评查制度（试行）》就采用以百分制量化定级的质量评查标准，并且与办案补贴挂钩，就优秀、良好、合格的案件分别支付800元至1200元不等的案件补贴，对于不合格的案件则要求限期整改。应当注意到，各地法律援助案件质量评估的文件在评查内容和评查方式上存在一些共同点：第一，对于案件卷宗评查评分；第二，组织旁听庭审；第三，审查信息系统的应用。因此，笔者建议国家可以从各地有关法律援助案件质量评估的规范性文件和具体实践中吸取优秀经验，从国家层面以司法解释的形式出台《法律援助案件质量评估办法》，为法律援助案件质量评估设置统一标准。

（二）明确案件质量监督主体

监督主体是指有权对刑事法律援助案件质量进行监督的职能机构。在我国，目前的监督主体主要是司法行政部门、法律援助机构和律师协会。《法律援助条例》第6条规定："律师应当依照律师法和本条例的规定履行法律援助义务，为受援人提供符合标准的法律服务，依法维护受援人的合法权益，接受律师协会和司法行政部门的监督。"司法部印发的《律师和基层法律服务工作者开展法律援助工作暂行管理办法》第4条规定："律师和基层法律服务工作者承办法律援助案件，应当接受司法行政机关、律师协会和法律援助机构的业务指导和监督，接受受援人和社会的监督。"此外，通过对当前世界范围的法律援助制度的梳理，目前各国针对法律援助质量的管理主要有三种形式：一是规定法律援助监督人员向法律援助机构履行报告义务；二是通过受援人的报告监督法律援助人员的工作；三是设立专门的法律援助监督机构或人员实施监督。[1]综上所述，笔者认为，我国法律援助案件监督的主体应当从以下三个方面去考虑：一是由司法行政机关负责宏观的监督指导；二是由法律援助机构成立专门的法律援助案件监督部门，监督法律援助案件的办理，法律服务机构和法律服务人员须向其报告工作；三是由受援人对法律援助案件的办理过程进行反馈，评价律师的法律援助工作的质量和受援人的满意程度。

三、建立法律援助案件监督体系

当前，对法律援助的监督不足是影响我国法律援助案件质量的一大因素，法律援助监督体系的建立能够为提高法律援助质量提供有效保障。目前，我国法律援助工作的质量监督体系尚未建立，导致了法律援助案件办理的无标准化、无制约化和无制裁化。尤其是在刑事法律援助案件中，律师表现得缺乏积极性，导致法律援助服务易被虚置。所以，为了保障法律援助的案件质量，建立法律援助的监督体系势在必行。针对法律援助案件监督体系的建立，笔者认为应分三步走：

（1）案件的案前审查。案前审查主要包括两个方面：一是对法律援助需求者的资格审查，是否具有申请法律援助的资格，是否符合法律援助的标准。二是对提供法律援助的律师资质进行审查。

对于需求者的资格审查主要包括：其是否属于《刑事诉讼法》所规定的特殊主体或其生活条件是否属于贫困而致无法获得律师服务。对需求者资格进行审查监督是为了防止有限的法律援助资源被浪费，进而使法律援助的真正价值难以实现。

对于提供法律援助的律师要进行资质、能力的审查。第一，对于一些特殊案件，需要特定范围的律师来提供法律服务，例如无期徒刑、死刑案件需要具备一定刑事辩护经验的律师来提供服务才能更好地保障被告人的权利。同时，根据案件不同的类别可以组建不同的法律援助专业服务团队，由具有不同专长的律师承担不同类型的援助服务。第二，要加强对法律援助律师的培训，提高律师的专业能力、办案能力，以有效保障申请人的合法权益。第三，建立有效的考核机制，根据律师办理案件的质量，以为其打分并进行评估。定期筛选不合格的律师退出法律援助案件的办理。

（2）案件的过程审查。在法律援助案件中，诉讼程序是核心部分，对诉讼程序的审查要从律师的具体行为着手。第一，在法律援助机构内部设立监督员，以监督律师的案件办理行为。通过了解案件进展、旁听案件审理等方式对法律援助律师的工作进行评价。第二，强化司法机关对于律师的监督。通过案件的公诉人、审判人员的反馈来发现在案件办理过程中，律师是否存在违法、违反职业道德或渎职等行为，向司法行政机关、律师所属律师协会提出建议，并移交相关证据。第三，建立律师工作汇报机制，要求律师定期就自己办理的法律援助案件进行工作汇报并由专门人员对工作汇报进行审查、监督。

（3）案件结果的评价机制。对于案件的审理结果，律师所起的作用通常是有限的，但通过案卷材料和当事人的看法往往能了解到律师在案件中是否发挥了其所应发挥的作用。第一，法律援助机构在律师完成法律援助案件后，应当对案卷、诉讼文书等材料进行审查，判断律师在诉讼过程中是否起到了有效作用，并提出意见。只有当案件审查程序正式完成时，才能认定律师的案件办理程序已经完成。第二，受援人的评价机制，受援人在获得法律援助服务的过程中能够感受到律师对于工作的态度和效果。在法律援助案件办理完毕后，对受援人进行问卷或口头的问答，来了解律师在案件办理中发挥的作用，以受援人的评价与满意度作为法律援助律师工作的评判标准之一。第三，综合整个案件办理的评价，分出不同的办案档次。以不同的补贴标准来对应不同的办案档次。对办案律师形成物质上的监督区分，以差额的补贴倒逼律师在案件办理过程中认真、负责地工作。

第三节 法律援助范围设置的完善

一、扩大法律援助对象的范围

（一）民事法律援助对象的范围

民事法律援助对象的范围一般从援助对象的身份条件和经济状况两个方面来界定。援助对象的身份条件是指具备哪些法律身份的主体（包括公民、外国人、无国籍人或法人等）可以享有获得法律援助的资格，而经济状况则是指只有必须满足一定经济困难标准的主体才能成为法律援助对象。我国《法律援助条例》第 10 条规定，公民"因经济困难没有委托代理人的，可以向法律援助机构申请法律援助"。可见，外国人、无国籍人、法人和非法人组织被排除出了民事法律援助的范围。同时，《法律援助条例》也没有规定"经济困难"的具体标准，而是授权各省、自治区、直辖市人民政府根据本行政区域的经济发展状况和法律援助事业的需要予以明确。在之后的制度实践中，各地通常将城乡居民最低生活保障标准作为确定法律援助经济困难标准的依据。

对于法律援助的具体事项，《法律援助条例》第 10 条以列举的方式明确了 6 类事项，同时授权省、自治区、直辖市人民政府对事项范围作出补充规定。这些事项范围包括：①依法请求国家赔偿的；②请求给予社会保险待遇或者最低生活保障待遇的；③请求发给抚恤金、救济金的；④请求给付赡养费、抚养费、扶养费的；⑤请求支付劳动报酬的；⑥主张因见义勇为行为产生民事权益的。其中，属于民事法律援助范围的仅有第④⑤⑥这三项。许多地方的相关立法还将因交通事故、工伤事故、医疗事故和环境污染请求损害赔偿以及劳动合同案件和因家庭暴力导致的民事案件等纳入了事项范围。

因此，对于民事法律援助范围的完善应从对象范围和事项范围着手。第一，在对象范围的问题上，有条件地将外国人、无国籍人、法人和非法人组织纳入对象范围。为外国人提供法律援助当前已经成了一种国际趋势，各国均在立法中不同程度地体现着对外国人、无国籍人的法律援助。目前，各方在对是否应向法人、非法人组织提供法律援助这一问题上还存在争议。但广东省在 2016 年修订的《广东省法律援助条例》第 12 条将社会福利机构和社会组织有条件地纳入了民事法律援助对象范围。根据这一规定，社会福利机构因维护其合法民事权益需要法律帮助的以及社会组织依法就污染环境、破坏生态等损害社会公共利益的行为向人民法院提起民事公益诉讼的，可以申请民事法律援助。这样不仅有利于完善公共法律服务体系，而且有利于创新基层社会治理机制。第二，在法律援助事项的范围上，要以生存和发展基本权利的保障为原则且以效益性为条件，在立法上应采取确定事项与除外事项相结合的方式具体界定事项范围，同时遵循以生存与发展基本权利保障为原则，将常见民事案件类型作为确定事项，将效益性作为条件来确定除外事项并明确规定申请审查制度。[1]

（二）刑事法律援助范围

刑事法律援助范围是指在刑事诉讼中，按照法律规定，可以向哪些对象及事项提供法律援助的范围。我国刑事法律援助的范围主要被规定于《刑事诉讼法》和《法律援助条例》。如《法律援助条例》规定："具备以下条件的中华人民共和国公民，可申请法律援助：（1）有充分理由证明为保障自己合法权益需要帮助；（2）确因经济困难，无能力或无完全能力支付法律服务费用（公民经济困难标准由各地参照当地政府部门的规定执行）。"《刑事诉讼法》第35条规定："犯罪嫌疑人、被告人因经济困难或者其他原因没有委托辩护人的，本人及其近亲属可以向法律援助机构提出申请。对符合法律援助条件的，法律援助机构应当指派律师为其提供辩护。犯罪嫌疑人、被告人是盲、聋、哑人，或是尚未完全丧失辨认或者控制自己行为能力的精神病人，没有委托辩护人的，人民法院、人民检察院和公安机关应当通知法律援助机构指派律师为其提供辩护。犯罪嫌疑人、被告人可能被判处无期徒刑、死刑，没有委托辩护人的，人民法院、人民检察院和公安机关应当通知法律援助机构指派律师为其提供辩护。"此外，我国刑事法律援助立法呈现出了一些特点。如法律援助制度试点时期并不重视刑事法律援助、刑事法律援助范围随着经济社会和法治发展不断扩大、重视庭审阶段的刑事法律援助等。目前，刑事法律援助范围的问题主要集中在法定刑事法律援助范围偏窄、经济困难标准太严苛以及部分特殊对象和援助事项未被纳入刑事法律援助范围等方面。因此，笔者主要从以下几个角度对刑事法律援助案件的范围提出建议：

---

〔1〕　参见黄东东："民事法律援助范围立法之完善"，载《法商研究》2020年第3期，第127页。

一是应放宽刑事法律援助困难的标准，我国已将刑事法律援助经济困难标准的制定权授予各地方，因而要想使一般法律援助对象的范围确定得更加合理，地方政府标准制定者首先应该充分认识到日常经济水平虽然和诉讼费用支付水平相关，但不能简单地将最低生活保障标准和法律援助经济困难标准等同起来。另外，还要认识到经济困难标准问题的核心是如何将原则性与灵活性相结合，并使之具有可操作性。二是应加强对刑事被害人的法律援助，既要重视保障犯罪嫌疑人、被告人的法律援助权也要重视保障被害人的法律援助权。三是将服刑人员和老年人纳入法定法律援助范围。四是将二审案件和审判监督程序提起的案件纳入法律援助的范围，明确适用普通程序的二审案件刑事法律援助与适用普通程序一审案件刑事法律援助的区别性，同时重视对于运用审判监督程序所提起的案件的法律援助工作。

二、完善值班律师制度

2018 年 10 月 26 日通过的新《刑事诉讼法》第 36 条第 1 款规定了值班律师制度："法律援助机构可以在人民法院、看守所等场所派驻值班律师。犯罪嫌疑人、被告人没有委托辩护人，法律援助机构没有指派律师为其提供辩护的，由值班律师为犯罪嫌疑人、被告人提供法律咨询、程序选择建议、申请变更强制措施、对案件处理提出意见等法律帮助。"

值班律师制度作为法律援助在侦查阶段的一种体现，发挥着保障公民诉讼权利的重大作用。随着值班律师制度正式在法律中被确立，我国需要根据实践中取得的经验对这项制度进行进一步的完善与补充。根据《刑事诉讼法》的规定，值班律师是在侦查阶段为犯罪嫌疑人提供法律帮助，并不具有"辩护人"

的地位和权利。所以，值班律师所发挥的作用也是有限的。虽然我国值班律师制度刚建立不久，但在不多实践中仍能发现部分问题和不足。针对这种情况，笔者对于值班律师制度的完善主要提出以下几条建议：

第一，赋予值班律师履职所需的诉讼权利。2020 年 8 月最高人民法院、最高人民检察院、公安部、国家安全部和司法部联合发布的《法律援助值班律师工作办法》明确了法律援助值班律师的职责，[1]规定了值班律师在侦查阶段所应发挥的作用。在认罪认罚案件和普通案件中，不仅需要值班律师在侦查阶段发挥作用，更重要的是要使值班律师在诉讼阶段也起到一定作用。按照现行法律的规定，值班律师还不享有出庭辩护权，代理申诉、控告权，调查取证权和讯问时的在场权。明确赋予会见权和阅卷权的做法是具有进步意义的，但还缺少一些细致化的规定。比如，有无会见时间、次数和阅卷时间、次数的要求等。赋予值班律师签署具结书时的在场权，一方面能保障认罪认罚的自愿性，另一方面还能为控方行使权力的合法性做背书。为了防止这一权利的赋予使得值班律师仅成为签署案件具结书的见证人，我国需要赋予值班律师更为完整的权利，如此才能真正发挥保障被追诉人权利的作用。权利设置和履行职责的要求之间应该是大于或等于的关系，而不能是小于的关系。在认

---

〔1〕《法律援助值班律师工作办法》第 6 条规定："值班律师依法提供以下法律帮助：（一）提供法律咨询；（二）提供程序选择建议；（三）帮助犯罪嫌疑人、被告人申请变更强制措施；（四）对案件处理提出意见；（五）帮助犯罪嫌疑人、被告人及其近亲属申请法律援助；（六）法律法规规定的其他事项。值班律师在认罪认罚案件中，还应当提供以下法律帮助：（一）向犯罪嫌疑人、被告人释明认罪认罚的性质和法律规定；（二）对人民检察院指控罪名、量刑建议、诉讼程序适用等事项提出意见；（三）犯罪嫌疑人签署认罪认罚具结书时在场。值班律师办理案件时，可以应犯罪嫌疑人、被告人的约见进行会见，也可以经办案机关允许主动会见；自人民检察院对案件审查起诉之日起可以查阅案卷材料、了解案情。"

罪认罚案件中，面对实质上并不平等的控辩协商，更加需要对强大的控方权力加以监督，应当明确值班律师也享有代理申诉、控告权。为防止被追诉人在没有律师帮助的情况下因受到控方不合理地干扰而作出非自愿性的认罪认罚的情况发生，值班律师还应具有初次讯问时的在场权。为了更好地为被追诉人提供法律咨询和程序适用建议，仅赋予阅卷权可能还无法满足值班律师对于案件证据情况的了解需求，所以还应当赋予值班律师调查核实和申请调查证据的权利。

第二，全方位保障值班律师的服务质量。对于值班律师事前准入的把控，我国目前采取的是设定准入标准的方式。如不同地区根据自己地方的实际情况，对于选任作为值班律师的执业年限作出了相关要求。仅从执业年限上来进行规制是不够的，还可以将之细化为律师平均每年办理过的刑事案件的数量。在对值班律师进行考核时，可以就对不同主体的监督分别制定具体的评分标准，并为几种评价方式分别设置不同的比重，采用综合的评价方式，并结合同行审查和专家意见对值班律师的工作质量进行判断。在值班律师办案报酬方面，若设置定额报酬，可能无法调动值班律师的工作积极性。基于此，可以在值班律师服务最低补贴数额的基础上，要求值班律师提供工作清单，并附留存的相关法律文书，按照值班律师实际提供的具体服务类型和数量给予不同的报酬。

第三，借鉴域外经验，形成具有中国特色的值班律师制度。值班律师制度起源于国外，在国外也有一定的发展。从国外的经验来看，值班律师的服务形式应当结合各地法律援助事业的发展情况，基于各地律师资源、律师执业情况等因素。我国的值班律师应该根据各区域的实际情况合理运用，并不需要一律采取值班的形式，在没有过多案件数量的情况下，值班律师也可以从事一部分其他的法律援助工作。同时，针对我国目前30%的律师辩护率，以及我国法律援助制度的发展情况，我国应该从实际情况出发，把值班律师制度作为解决律师辩护率低的手段，进一步推动刑事辩护全覆盖的实现。另一方面，我国的值班律师制度要结合我国的速裁程序和认罪认罚从宽等制度，形成具有中国特色的值班律师制度，从整体上对值班律师制度进行完善。

第四节　法律援助管理体制和机构设置的完善

1994年，我国正式开始建设法律援助制度。1996年司法部发布《关于迅速建立法律援助机构开展法律援助工作的通知》，要求全国各地迅速开展法律援助机构建设，以配合法律援助工作的开展。2003年《法律援助条例》的正式颁布，不仅促进了我国法律援助事业的进一步发展，同时也推动了全国法律援助机构的进一步完善，但我们应当注意到，《法律援助条例》并未完全解决机构设置的一些问题。笔者主要从以下三个角度对法律援助管理体制和机构设置问题的解决进行阐明。

一、统一法律援助机构体系的设置模式

目前，我国法律援助组织管理机构的设置主要呈现出三种模式：一是二元制的机构设置模式。部分地区在司法行政部门内设立一个内设机构（法律援助处、科）负责监督管理法律援助（也有一些地区把监督管理法律援助的职能放在律管处等相关处室，而没有单独的法律援助处），然后再设立一个专门的法律机构，来负责受理、审查和指派等法律援助工作。二是一元制行政内设机构模式。仅在司法行政部门内设立一个内设机构，

如法律援助处，同时加挂法律援助中心的名字。三是一元制局属单位模式。司法行政部门内没有相应的法律援助内设机构，或者没有在内设机构挂法律援助中心的牌子，而是专门设立一个局属单位，性质大多为参公事业或者普通事业单位性质，名称一般为法律援助中心。由于全国的法律援助机构设置不统一，分别出现上述三种模式，法律援助工作在各地开展的标准、程序和监督流程不一致，在很大程度上阻碍了全国法律援助事业的协调发展。因此，应对法律援助管理体制进行改革，明确统一的法律援助管理体制。

（一）明确法律援助机构的性质

法律援助机构究竟是行政机构还是事业单位？这是完善我国法律援助管理体制必须要回答的问题。司法部法律援助中心副主任桑宁指出："在 1993 年至 2003 年的第三、第四次全国行政管理体制和政府机构改革的大背景下，为控制行政体制过度膨胀，许多地方在原则上不新增行政机构和行政编制的情况下，不得不背离职能决定机构的逻辑起点，成立了大量事业性质的法律援助机构。"[1]首先，从法律援助机构承担的职能来看，《法律援助条例》第 18 条规定："法律援助机构收到法律援助申请后，应当进行审查；认为申请人提交的证件、证明材料不齐全的，可以要求申请人作出必要的补充或者说明，申请人未按要求作出补充或者说明的，视为撤销申请；认为申请人提交的证件、证明材料需要查证的，由法律援助机构向有关机关、单位查证。"这说明，法律援助机构承担着行政职能。其次，法律援助作为一种国家义务、政府责任。受理、审查法律援助申请是法律援助管理职能的重要组成部分，也是政府公共法律服务的重要组成部分，属于司法行政职能的一部分。最后，将法律

---

[1] 桑宁："法律援助管理体制研究"，载《中国司法》2008 年第 6 期，第 89 页。

援助管理工作划归为行政职能在域外已经达成共识。例如，英国法律援助工作由大法官及其领导的法律援助局管理，均属于行政机构；日本法律援助中心为独立行政法人，其业务主管部分为法务省。[1]此外，我国法律援助工作司在成立时也是作为司法部的内设机构设立的，都体现出了法律援助机构的行政性质。

（二）建立一元制法律援助机构设置

当前，我国法律援助机构设置大部分为二元制的机构设置，但如此设置法律援助机构对于法律援助事业的进一步发展造成了一些阻碍。例如，二元制的机构设置会造成法律援助资源的浪费、导致地方设置的混乱以及法律援助职责划分不明等问题。因此，笔者认为，应当回归一元制的法律援助机构设置，取消法律援助的管理机构，仅保留法律援助机构，但要扩大其职权，并恰当地分配其与司法行政机关的职权配置。实践中，应在国家及省级保留法律援助工作司（处），取消国家及省级法律援助中心，强化服务监督、具体政策制定的职能。在地级市及区县级保留法律援助中心，强化其服务管理、监督职能，重新设置后的法律援助工作司及法律援助中心合称法律援助机构。

二、合理配置法律援助的职权归属

（一）法律援助标准的决策权归属

目前，法律援助相关法规规定法律援助的范围、经济困难标准和办案补贴标准的决策权由省级政府和财政部门行使。例如，《关于民事诉讼法律援助工作的规定》第 3 条规定："公民经济困难的标准，按案件受理地所在的省、自治区、直辖市人

---

〔1〕 吴宏耀、赵常成："法律援助的管理体制"，载《国家检察官学院学报》2018 年第 4 期，第 41 页。

民政府的规定执行。"而在实践中，基于政府部门复杂的决策程序，法律援助的标准往往难以及时适应不断变化和迅速增长的法律援助需求，标准的普遍滞后已从某种程度上影响了法律援助事业的发展。法律援助的社会需求是一个动态过程，世界各国普遍将法律援助标准的决策权赋予了法律援助机构或主管的政府职能部门，以便使法律援助标准的决策能够及时反映社会的需求变化。

（二）律师履行法律援助义务的监督权归属

《法律援助条例》第6条规定："律师应当依照律师法和本条例的规定履行法律援助义务，为受援人提供符合标准的法律服务，依法维护受援人的合法权益，接受律师协会和司法行政部门的监督。"律师应当履行法律援助的义务是中国特色法律援助制度的一个重要组成部分。与各国政府通过购买律师服务为穷人提供帮助不同，中国的律师从事法律援助是一种法律强制性要求，并不能按市场价格得到政府的报酬。因此，在这种情况下，对律师从事法律援助行为的监督就无法按照市场服务的机制和方式进行，需要依靠具体、有效的行政手段和措施。这种监督工作不仅数量多而且需要及时、具体的处理，律师协会和司法行政部门都没有足够的能力完成这项工作，该职责应由法律援助机构承担。

（三）法律援助经费的管理及使用权归属

法律援助机构不具有经费管理及使用权的情况在全国非常普遍，作为法律援助的组织实施机构，法律援助机构承担着为困难公民提供优质、高效法律援助服务，让更多的困难公民享有法律援助权利的职责。这些职责的履行，离不开对法律援助经费的科学使用和有效管理，将经费管理使用权划归司法行政机关，结果可能会出现"管钱的不管事，管事的不管钱"，进而导致经费使用效率不高的现象。从各国的情况来看，法律援助经费的管理、使用权都归属于法律援助机构，行政主管机关依法进行监督，检查、评估经费的使用效率。

REFERENCE | 参考文献

一、著作类

1. 蒋耀祖:《中美司法制度比较》,商务印书馆 1976 年版。

2. 李剑锋:《价值: 客体主体化后的功能和属性》,陕西师范大学出版社 1988 年版。

3. 李连科:《哲学价值论》,中国人民大学出版社 1991 年版。

4. 张耕主编:《法律援助制度比较研究》,法律出版社 1997 年版。

5. 张耕主编:《中国法律援助制度诞生的前前后后》,中国方正出版社 1998 年版。

6. 章武生:《中国律师制度研究》,中国法制出版社 1999 年版。

7. 司法部法律援助中心组织编译:《各国法律援助法规选编》,中国方正出版社 1999 年版。

8. 宫晓冰主编:《中国法律援助立法研究》,中国方正出版社 2001 年版。

9. 谢佑平、万毅:《刑事诉讼法原则: 程序正义的基石》,法律出版社 2002 年版。

10. 宫晓冰主编:《中国法律援助制度培训教程》,中国检察出版社 2002 年版。

11. 张雪纯、葛琳编著:《法律援助条例释义》,中国法制出版社 2003 年版。

12. 宫晓冰主编:《外国法律援助制度简介》,中国检察出版社 2003 年版。

13. 宫晓冰主编:《中国法律援助制度研究》,中国方正出版社 2004 年版。

14. 刘仁文：《刑事政策初步》，中国人民公安大学出版社 2004 年版。

15. 阮青：《价值哲学》，中共中央党校出版社 2004 年版。

16. 李宝岳主编：《律师参与辩护、代理存在问题及对策》，中国政法大学出版社 2006 年版。

17. 沈红卫：《中国法律援助制度研究》，湖南人民出版社 2006 年版。

18. 贾午光主编：《国外境外法律援助制度新编》，中国方正出版社 2008 年版。

19. 贾午光主编：《法律援助考察报告及理论研讨论文集》，中国方正出版社 2008 年版。

20. 贾午光主编：《法律援助管理技能》，中国方正出版社 2008 年版。

21. 马栩生：《当代中国法律援助：制度与理论的深层分析》，人民出版社 2010 年版。

22. 宋英辉等：《外国刑事诉讼法》，北京大学出版社 2011 年版。

23. 张品泽：《受刑事追诉农民工的法律援助》，中国人民公安大学出版社 2011 年版。

24. 付少军、刘燕玲主编：《法律援助理论与实务》，中国检察出版社 2013 年版。

25. 王公义主编：《中外司法体制比较研究》，法律出版社 2013 年版。

26. 朱景文主编：《中国法律发展报告 2012：中国法律工作者的职业化》，中国人民大学出版社 2013 年版。

27. 顾永忠主编：《刑事法律援助的中国实践与国际视野》，北京大学出版社 2013 年版。

28. 陈晨：《刑事法律援助制度研究》，中国检察出版社 2014 年版。

29. 陈晨：《刑事法律援助制度新论》，中国检察出版社 2014 年版。

30. 黄华生：《刑事被害人国家补偿法立法研究》，中国政法大学出版社 2014 年版。

31. 王丽娟等：《中国高校法律援助制度研究》，南京大学出版社 2014 年版。

32. 司法部法律援助中心编：《2013 年中国法律援助年鉴》，中国民主法制出版社 2015 年版。

33. 司法部法律援助工作司编：《健全法律援助制度调研报告汇编》，北京大学出版社 2014 年版。

34. 吴羽：《公设辩护人制度研究》，中国政法大学出版社 2015 年版。

35. 袁钢：《北京市法律援助体系实证研究》，中国人民大学出版社 2017 年版。

36. 郭婕：《法律援助制度研究》，红旗出版社 2018 年版。

37. 程衍：《美国公设辩护人制度研究》，中国政法大学出版社 2019 年版。

38. 梁高峰：《农村法律援助体系的创新和发展研究》，法律出版社 2019 年版。

39. 樊崇义编著：《法律援助制度研究》，中国人民公安大学出版社 2020 年版。

二、论文类

1. 袁贵仁："价值与认识"，载《北京师范大学学报》1985 年第 3 期。

2. 赵守运、邵希梅："现行哲学价值范畴质疑"，载《哲学动态》1991 年第 1 期。

3. 袁贵仁："价值概念的语义分析"，载《社会科学楫刊》1991 年第 5 期。

4. 张志越："法律援助及社会保障"，载《中国律师报》1997 年 2 月 15 日。

5. 杨可中："建立我国法律援助制度刍议"，载《现代法学》1995 年第 5 期。

6. 李学宽、胡玉霞："现代法律援助制度中的国家责任"，载《现代法学》2001 年第 5 期。

7. 吴全柱："我国现行的法律援助管理模式"，载《律师世界》2001 年第 7 期。

8. 王勤芳、朱遂斌："建立有中国特色的社会主义法律援助制度"，载《学习论坛》2001 年第 9 期。

9. 刘凤泉："论实施法律援助制度是保障人权的重要内容"，载《当代法学》2002 年第 1 期。

10. 李劲："试析中国法律援助模式的选择"，载《甘肃政法学院学报》

2002 年第 3 期。

11. 吴四江："我国刑事法律援助制度的规范化"，载《江西社会科学》2002 年第 4 期。

12. 莫洪宪："为了社会的公平与正义——法律援助实践之探索"，载《武汉大学学报（社会科学版）》2002 年第 3 期。

13. 周正云："论民国时期的法律援助制度"，载《湖南省政法管理干部学院学报》2002 年第 5 期。

14. 焦洪昌："关于'公民在法律面前一律平等'的再认识"，载《中国法学》2002 年第 6 期。

15. 牟逍媛："法律援助制度与诊所法律教育"，载《法学》2002 年第 8 期。

16. 沈红卫："法律援助的基本理论问题探析"，载《湖南行政学院学报》2003 年第 1 期。

17. 王军益："法律援助专职队伍建设刍议"，载《中国法律援助》2003 年第 2 期。

18. 徐卉："关于中国法律援助的立法及实施情况"，载《中国法律援助》2003 年第 2 期。

19. 高小珺："法律援助制度与弱势群体的人权保障"，载《山西青年管理干部学院学报》2003 年第 4 期。

20. 徐静村："走向程序法治：中国刑事程序改革的宪政思考"，载《现代法学》2003 年第 4 期。

21. 叶青："中国《法律援助条例》述评"，载《华东政法学院学报》2003 年第 6 期。

22. 林广华："建设中国特色的法律援助制度"，载《国家行政学院学报》2003 年第 6 期。

23. 刘根菊："我国法律援助之价值及其实现"，载《法学杂志》2003 年第 6 期。

24. 叶静漪、魏倩："健康就业歧视若干法律问题研究"，载《人权》2004 年第 3 期。

25. 汤维建："论司法公正的保障机制及其改革"，载《河南省政法管理干部学院学报》2004 年第 6 期。

26. 马明亮："法律援助：中国刑事诉讼制度发展的瓶颈"，载《西南政法大学学报》2004 年第 4 期。

27. 王蓓："完善我国法律援助制度的思考"，载《社科纵横》2004 年第 4 期。

28. 周春华、李建波："中国法律援助制度理论述评与创新"，载《理论界》2004 年第 5 期。

29. 高贞："中国法律援助制度从创建到发展"，载《中国法律》2004 年第 12 期。

30. 王立民："法律援助与'诊所法律教育'"，载《政治与法律》2005 年第 1 期。

31. 王琼等："法律援助的政策规范与运作制度研究"，载《中国司法》2005 年第 1 期。

32. 任舒泽、张荣芳："简述法国法律援助制度——兼论对我国的借鉴作用"，载《法国研究》2005 年第 2 期。

33. 伍浩鹏："论我国刑事法律援助制度的改革和完善"，载《甘肃政法学院学报》2005 年第 2 期。

34. 白春花："论中国法律援助制度的国家责任"，载《湖南第一师范学报》2005 年第 2 期。

35. 田绍军、左平凡："我国法律援助制度的建立、意义和发展"，载《理论界》2005 年第 3 期。

36. 毛晓华："论弱势群体的法律保护"，载《湛江海洋大学学报》2005 年第 2 期。

37. 何东平："以人权的平等权维度看法律援助——兼论我国法律援助制度的完善"，载《漳州师范学院学报（哲学社会科学版）》2005 年第 4 期。

38. 魏耀国、孙颖："试述服务性理念视野下法律援助制度之本土化研究"，载《中国司法》2005 年第 5 期。

39. 贺海仁："法律援助：政府责任与律师义务"，载《环球法律评论》2005 年第 6 期。

40. 林莉红、黄启辉："民间法律援助与政府法律援助之关系研究"，载《环球法律评论》2005年第6期。

41. 徐卉："中国法律援助制度的建立与发展：从合法性危机到社会安全阀"，载《环球法律评论》2005年第6期。

42. 蒋建峰："法律援助办案质量控制思考"，载《中国司法》2005年第7期。

43. 梁鹏："法律援助资金保障的理念与路径"，载《中国司法》2005年第9期。

44. 宫晓冰："美国法律援助制度简介"，载《中国司法》2005年第10期。

45. 贾午光："调动资源 有效组织 充分发挥法律援助的职能作用"，载《中国司法》2005年第10期。

46. 曾国旋、虞小平、李卫江："关于镇级法律援助机构定性和职能问题的思考"，载《中国司法》2005年第12期。

47. 李醒民："价值的定义及其特性"，载《哲学动态》2006年第1期。

48. 姚鹭："我国法律援助经费的筹集方式"，载《山西省政法管理干部学院学报》2006年第1期。

49. 李长健、涂晓菊、张锋："我国农民权益保护法律援助机制构建——宏观立法与微观运作的契合"，载《北京政法职业学院学报》2006年第4期。

50. 王俊民、孔庆余："反思与超越：论法律援助之政府责任"，载《政治与法律》2006年第6期。

51. 郑自文、郭婕："探索建立中国特色的法律援助值班律师制度"，载《中国司法》2006年第12期。

52. 桑宁、蒋建峰："英国刑事法律援助质量控制体系及启示"，载《中国司法》2007年第1期。

53. 颜九红："法律援助制度改革与和谐社会的构筑"，载《北京政法职业学院学报》2007年第3期。

54. 张冬梅："完善我国刑事法律援助制度研究"，载《河北师范大学学报（哲学社会科学版）》2007年第5期。

55. 孙建："美国法律援助制度考察"，载《中国司法》2007年第7期。

56. 郑自文："新西兰法律援助制度及其最新发展"，载《中国司法》2007年第7期。

57. 郑自文："澳大利亚法律援助制度的发展"，载《中国司法》2007年第11期。

58. 冯涛："论日本国选辩护人制度的扩充——兼论对我国侦查中引入指定辩护的借鉴意义"，载《河南师范大学学报（哲学社会科学版）》2008年第1期。

59. 李长健、辛晨、徐海萍："基于法经济学视角下的法律援助制度研究"，载《青岛科技大学学报（社会科学版）》2008年第1期。

60. 郭婕："法律援助值班律师制度比较研究"，载《中国司法》2008年第2期。

61. 从卉："2007年法律援助工作统计分析"，载《中国法律援助》2008年第3期。

62. 汪海燕："贫穷者如何获得正义——论我国公设辩护人制度的构建"，载《中国刑事法杂志》2008年第3期。

63. 王永风："论司法公正的价值"，载《绥化学院学报》2008年第5期。

64. 邱中慧："完善法律援助体制之思考"，载《贵州社会科学》2008年第6期。

65. 罗许生："和谐社会下法律援助制度的研究"，载《哈尔滨学院学报》2009年第1期。

66. 巨乃岐、王建军："究竟什么是价值——价值概念的广义解读"，载《天中学刊》2009年第1期。

67. 林广华："法律援助与和谐社会建设"，载《中国发展观察》2009年第1期。

68. 崔向前："法律援助权的生成动力之研究——纪念《中华人民共和国法律援助条例》实施五周年"，载《河南公安高等专科学校学报》2009年第2期。

69. 刘林："法律援助对于构建社会主义和谐社会的重要意义"，载《实事求是》2009年第4期。

70. 王淑华、张艳红："探索建立中国法律援助值班律师制度"，载《中国

《司法》2009 年第 5 期。

71. 沈丽飞："以人为本视野下的中国法律援助运作模式"，载《学习与探索》2009 年第 6 期。

72. 司法部法律援助中心："吴爱英同志在第五次全国法律援助工作会议上的讲话"，载《中国法律援助》2009 年第 6 期。

73. 郑自文："部分国家和地区法律援助经费保障情况"，载《中国法律援助》2009 年第 9 期。

74. 伍浩鹏："刑事法律援助权的主体定位"，载《社会科学战线》2009 年第 9 期。

75. 徐晓娟："中国民事法律援助制度的价值、现状及完善建议"，载《经济研究导刊》2009 年第 9 期。

76. 郑自文："部分国家和地区法律援助经费保障情况"，《中国法律援助》2009 年第 9 期。

77. 沈丽飞："构建和完善我国被追诉人刑事法律援助制度的思考"，载《法学杂志》2010 年第 3 期。

78. 赵宏伟："法律援助法：我国法律援助制度的完善路向"，载《中国司法》2010 年第 3 期。

79. 关朝斯："政府承担农民工法律援助责任的法理基础和法律依据探析"，载《河南司法警官职业学院学报》2010 年第 4 期。

80. 严励："刑事政策功能的科学界定和运行"，载《华东政法大学学报》2010 年第 6 期。

81. 高贞："法律援助：我们应当为之奋斗的事业"，载《中国司法》2010 年第 8 期。

82. 宋昭："刑事诉讼法律援助制度研究"，载《人民论坛》2010 年第 35 期。

83. 刘义锋、荆同琴："关于法律援助政府责任的意见和建议"，载《民营科技》2010 年第 9 期。

84. 王岩华："刑事法律援助的价值分析"，载《理论界》2010 年第 11 期。

85. 王军益："美国法律援助制度简况及启示"，载《中国司法》2011 年第 2 期。

86. 朱昆："美国法律援助制度"，载《北京政法职业学院学报》2011 年第 2 期。

87. 高贞："关于加强和完善刑事法律援助制度的几点思考"，载《中国司法》2011 年第 6 期。

88. 韩娟："浅析我国法律援助制度中存在的问题与对策研究"，载《学理论》2011 年第 9 期。

89. 李天忠、徐琼："构建我国法律援助律师值班制度"，载《中国司法》2011 年第 11 期。

90. 高贞等："英国法律援助制度及借鉴意义"，载《中国司法》2012 年第 2 期。

91. 董进、宋思宇："律师职业与公益法律援助的实践矛盾性——以美国律师职业化发展为启示"，载《学术论坛》2012 年第 4 期。

92. 卞建林："中国特色刑事诉讼制度的重大发展"，载《法学杂志》2012 年第 5 期。

93. 朱昆、郭婕："论加拿大犯罪嫌疑人的律师帮助权"，载《中国刑事法杂志》2012 年第 10 期。

94. 兰荣杰、胡珉瑞："历史与比较视野中的刑事法律援助——兼论《刑事诉讼法》修改的进步与局限"，载《浙江社会科学》2012 年第 11 期。

95. 胡小彧、李泊毅："高校法律援助困境与出路探索"，载《西南石油大学学报（社会科学版）》2013 年第 4 期。

96. 司法部法律援助司："2012 年全国法律援助工作概览"，载《中国司法》2013 年第 6 期。

97. 吴羽："英国公设辩护人服务评析及其对我国的启示"，载《湖北社会科学》2013 年第 7 期。

98. 李炳烁、胡良荣："论侦查阶段刑事法律援助介入的理论价值与权利构造——以司法公正与人权保障为核心"，载《法学杂志》2013 年第 8 期。

99. 左宁："论我国侦查阶段法律援助的缺陷与完善"，载《法学杂志》2013 年第 9 期。

100. 陈永生："刑事法律援助的中国问题与域外经验"，载《比较法研究》

2014 年第 1 期。

101. 刘方权："中国需要什么样的刑事法律援助制度"，载《福建师范大学学报（哲学社会科学版）》2014 年第 1 期。

102. 麻伟静："刑事法律援助工作的现状、问题与对策——基于杭州市刑事法律援助实践的思考"，载《中国司法》2014 年第 1 期。

103. 张文显："现代性与后现代性之间的中国司法——诉讼社会的中国法院"，载《现代法学》2014 年第 1 期。

104. 郭婕："当前法律援助面临的问题与对策"，载《中国司法》2014 年第 2 期。

105. 浙江省法律援助中心："浅谈英国德国西班牙的法律援助制度"，载《浙江省法律援助》2014 年第 2 期。

106. 刘玮琍、王靓簃："浦东新区刑事法律援助质量管理的实践与思考"，载《中国司法》2014 年第 3 期。

107. 谭志福："高校参与法律援助的价值分析"，载《政法论坛》2014 年第 3 期。

108. 熊秋红："有效辩护、无效辩护的国际标准和本土化思考"，载《中国刑事法杂志》2014 年第 6 期。

109. 罗海敏："论无律师帮助被追诉人之弱势处境及改善——以刑事法律援助制度的完善为视角"，载《政法论坛》2014 年第 6 期。

110. 郑丽娟："制定法律援助法相关问题研究"，载《中国司法》2014 年第 9 期。

111. 刘帅克："法国、荷兰法律援助制度改革情况及启示"，载《中国司法》2014 年第 11 期。

112. 吴宏耀："法律援助制度应当纳入司法改革的大局"，载《贵州民族大学学报（哲学社会科学版）》2015 年第 1 期。

113. 顾永忠、杨剑炜："我国刑事法律援助的实施现状与对策建议——基于 2013 年《刑事诉讼法》施行以来的考察与思考"，载《法学杂志》2015 年第 4 期。

114. 黄东东："法律援助案件质量：问题、制约及其应对——以 C 市的调研为基础"，载《法商研究》2015 年第 4 期。

115. 覃冠文："我国刑事法律援助的促进与保障——以法律关系的主体要素为视角"，载《学习与实践》2015 年第 7 期。

116. 樊崇义、刘文化："我国刑事案件速裁程序的运作"，载《人民司法》2015 年第 11 期。

117. 施鹏鹏、龙浩："我国刑事法律援助制度之反思与改革进路"，载《人民检察》2016 年第 1 期。

118. 谢澍："刑事法律援助之社会向度——从'政府主导'转向'政府扶持'"，载《环球法律评论》2016 年第 2 期。

119. 陈小鲁："农村法律援助的现状与对策"，载《人民论坛》2016 年第 2 期。

120. 董红民、麻伟静："构建法律援助值班律师制度实证探析"，载《中国司法》2016 年第 10 期。

121. 胡铭、王廷婷："法律援助的中国模式及其改革"，载《浙江大学学报（人文社会科学版）》2017 年第 2 期。

122. 顾永忠、李逍遥："论我国值班律师的应然定位"，载《湖南科技大学学报（社会科学版）》2017 年第 4 期。

123. 姚莉："认罪认罚程序中值班律师的角色与功能"，载《法商研究》2017 年第 6 期。

124. 樊崇义："赞法律援助值班律师制度"，载《人民法治》2017 年第 10 期。

125. 吴小军："我国值班律师制度的功能及其展开——以认罪认罚从宽制度为视角"，载《法律适用》2017 年第 11 期。

126. 韩旭："认罪认罚从宽制度中的值班律师——现状考察、制度局限以及法律帮助全覆盖"，载《政法学刊》2018 年第 2 期。

127. 王迎龙："论刑事法律援助的中国模式——刑事辩护'全覆盖'之实现路径"，载《中国刑事法杂志》2018 年第 2 期。

128. 杨宗科："公共法律服务体系是法治体系的重要保障"，载《中国司法》2018 年第 2 期。

129. 尹亚子："值班律师制度相关问题分析"，载《河南工程学院学报（社会科学版）》2018 年第 2 期。

130. 陈光中、张益南："推进刑事辩护法律援助全覆盖问题之探讨"，载《法学杂志》2018 年第 3 期。

131. 廖红军："完善政府购买法律援助服务的思考——基于对湖南试点推行政府购买法律援助服务的分析"，载《中国司法》2018 年第 3 期。

132. 卫婷、侯荣昌："值班律师制度实践运行模式展望"，载《福建法学》2018 年第 3 期。

133. 陈光中、张益南："推进刑事辩护法律援助全覆盖问题之探讨"，载《法学杂志》2018 年第 3 期。

134. 张泽涛："值班律师制度的源流、现状及其分歧澄清"，载《法学评论》2018 年第 3 期。

135. 张鲁萍："政府购买法律服务：正当性、困境与路径"，载《求实》2018 年第 3 期。

136. 吴宏耀、赵常成："法律援助的管理体制"，载《国家检察官学院学报》2018 年第 4 期。

137. 詹国彬："地方政府购买公益性法律服务：方式、挑战与路径选择"，载《南京邮电大学学报（社会科学版）》2018 年第 2 期。

138. 胡铭："律师在认罪认罚从宽制度中的定位及其完善——以 Z 省 H 市为例的实证分析"，载《中国刑事法杂志》2018 年第 5 期。

139. 朱玉玲、王悠然："刑事法律援助中的辩护质量探析"，载《政法学刊》2018 年第 5 期。

140. 孔超、刘畅："论我国值班律师制度的运行现状与完善路径"，载《中国司法》2018 年第 6 期。

141. 侯东亮、李艳飞："浅谈值班律师的定位与发展"，载《国家检察官学院学报》2018 年第 6 期。

142. 吴宏耀、赵常成："法律援助的管理体制"，载《国家检察院学院学报》2018 年第 4 期。

143. 刘洋："法学院校参与刑事法律援助机制研究"，载《中国司法》2018 年第 8 期。

144. 顾永忠："追根溯源：再论值班律师的应然定位"，载《法学杂志》2018 年第 9 期。

145. 顾永忠："刑辩律师全覆盖与值班律师制度的定位"，载《人民检察》2018 年第 11 期。

146. 张万洪、丁鹏："人权法视野下的刑事司法早期阶段法律援助：中国经验与发展前瞻"，载《求是学刊》2019 年第 2 期。

147. 魏虹、许野："论认罪认罚从宽程序中律师的实质性参与"，载《政法学刊》2019 年第 2 期。

148. 王艺超、涂龙科："值班律师提供有效法律帮助的法理定位与制度构建"，载《法治社会》2019 年第 2 期。

149. 樊崇义："我国法律援助立法重点和难点问题研究"，载《中国法律评论》2019 年第 3 期。

150. 陈云良、寻健："构建公共服务法律体系的理论逻辑及现实展开"，载《法学研究》2019 年第 3 期。

151. 方海涛："律师辩护全覆盖背景下我国有效辩护的实现"，载《山东行政学院学报》2019 年第 3 期。

152. 王林林、刘仁文："我国刑事法律援助制度的现状反思与完善思路——审判中心改革的视角"，载《江西社会科学》2019 年第 3 期。

153. 宋志军："未成年人刑事法律援助有效性实证分析"，载《国家检察官学院学报》2019 年第 4 期。

154. 张贵声："公共法律服务体系规制及现状"，载《天水行政学院学报》2019 年第 5 期。

155. 黄开金、刘敏："刑事辩护法律援助全覆盖工作的实践与思考——以湖北省黄石市为例"，载《中国司法》2019 年第 4 期。

156. 杨凯："加快推进现代公共法律服务体系建设"，载《中国党政干部论坛》2019 年第 8 期。

157. 许建丽："法律援助值班律师制度再探"，载《江西社会科学》2019 年第 9 期。

158. 程滔、杨永志："法律援助模式多元化探究"，载《中国司法》2019 年第 11 期。

159. 汪海燕："三重悖离：认罪认罚从宽程序中值班律师制度的困境"，载《法学杂志》2019 年第 12 期。

160. 杨凯："公共法律服务：市域治理体系和治理能力现代化新视野"，载《现代法治研究》2020 年第 1 期。

161. 刘仁琦："我国刑事法律援助案件质量评估体系研究"，载《中国刑事法杂志》2020 年第 3 期。

162. 赵飞龙："英国法律援助质量控制体系及其借鉴意义"，载《河南财经政法大学学报》2020 年第 3 期。

163. 黄东东："民事法律援助范围立法之完善"，载《法商研究》2020 年第 3 期。

164. 吴四江："我国刑事法律援助制度的规范化"，载《江西社会科学》2020 年第 4 期。

165. 唐晔旎："关于完善法律援助组织管理体制的立法建议"，载《中国司法》2020 年第 6 期。

166. 蔡元培："法律帮助的理念误区与教义形塑"，载《宁夏社会科学》2021 年第 1 期。

附　录

法律援助条例

中华人民共和国国务院令
（第 385 号）

　　《法律援助条例》已经 2003 年 7 月 16 日国务院第 15 次常务会议通过，现予公布，自 2003 年 9 月 1 日起施行。

总理　温家宝
二〇〇三年七月二十一日

法律援助条例

第一章　总则

　　第一条　为了保障经济困难的公民获得必要的法律服务，促进和规范法律援助工作，制定本条例。
　　第二条　符合本条例规定的公民，可以依照本条例获得法律咨询、代理、刑事辩护等无偿法律服务。

第三条 法律援助是政府的责任，县级以上人民政府应当采取积极措施推动法律援助工作，为法律援助提供财政支持，保障法律援助事业与经济、社会协调发展。

法律援助经费应当专款专用，接受财政、审计部门的监督。

第四条 国务院司法行政部门监督管理全国的法律援助工作。县级以上地方各级人民政府司法行政部门监督管理本行政区域的法律援助工作。

中华全国律师协会和地方律师协会应当按照律师协会章程对依据本条例实施的法律援助工作予以协助。

第五条 直辖市、设区的市或者县级人民政府司法行政部门根据需要确定本行政区域的法律援助机构。

法律援助机构负责受理、审查法律援助申请，指派或者安排人员为符合本条例规定的公民提供法律援助。

第六条 律师应当依照律师法和本条例的规定履行法律援助义务，为受援人提供符合标准的法律服务，依法维护受援人的合法权益，接受律师协会和司法行政部门的监督。

第七条 国家鼓励社会对法律援助活动提供捐助。

第八条 国家支持和鼓励社会团体、事业单位等社会组织利用自身资源为经济困难的公民提供法律援助。

第九条 对在法律援助工作中作出突出贡献的组织和个人，有关的人民政府、司法行政部门应当给予表彰、奖励。

第二章 法律援助范围

第十条 公民对下列需要代理的事项，因经济困难没有委托代理人的，可以向法律援助机构申请法律援助：

（一）依法请求国家赔偿的；

（二）请求给予社会保险待遇或者最低生活保障待遇的；

（三）请求发给抚恤金、救济金的；

（四）请求给付赡养费、抚养费、扶养费的；

（五）请求支付劳动报酬的；

（六）主张因见义勇为行为产生的民事权益的。

省、自治区、直辖市人民政府可以对前款规定以外的法律援助事项作出补充规定。

公民可以就本条第一款、第二款规定的事项向法律援助机构申请法律咨询。

第十一条 刑事诉讼中有下列情形之一的，公民可以向法律援助机构申请法律援助：

（一）犯罪嫌疑人在被侦查机关第一次讯问后或者采取强制措施之日起，因经济困难没有聘请律师的；

（二）公诉案件中的被害人及其法定代理人或者近亲属，自案件移送审查起诉之日起，因经济困难没有委托诉讼代理人的；

（三）自诉案件的自诉人及其法定代理人，自案件被人民法院受理之日起，因经济困难没有委托诉讼代理人的。

第十二条 公诉人出庭公诉的案件，被告人因经济困难或者其他原因没有委托辩护人，人民法院为被告人指定辩护时，法律援助机构应当提供法律援助。

被告人是盲、聋、哑人或者未成年人而没有委托辩护人的，或者被告人可能被判处死刑而没有委托辩护人的，人民法院为被告人指定辩护时，法律援助机构应当提供法律援助，无须对被告人进行经济状况的审查。

第十三条 本条例所称公民经济困难的标准，由省、自治区、直辖市人民政府根据本行政区域经济发展状况和法律援助事业的需要规定。

申请人住所地的经济困难标准与受理申请的法律援助机构所在地的经济困难标准不一致的，按照受理申请的法律援助机构所在地的经济困难标准执行。

第三章　法律援助申请和审查

第十四条　公民就本条例第十条所列事项申请法律援助，应当按照下列规定提出：

（一）请求国家赔偿的，向赔偿义务机关所在地的法律援助机构提出申请；

（二）请求给予社会保险待遇、最低生活保障待遇或者请求发给抚恤金、救济金的，向提供社会保险待遇、最低生活保障待遇或者发给抚恤金、救济金的义务机关所在地的法律援助机构提出申请；

（三）请求给付赡养费、抚养费、扶养费的，向给付赡养费、抚养费、扶养费的义务人住所地的法律援助机构提出申请；

（四）请求支付劳动报酬的，向支付劳动报酬的义务人住所地的法律援助机构提出申请；

（五）主张因见义勇为行为产生的民事权益的，向被请求人住所地的法律援助机构提出申请。

第十五条　本条例第十一条所列人员申请法律援助的，应当向审理案件的人民法院所在地的法律援助机构提出申请。被羁押的犯罪嫌疑人的申请由看守所在 24 小时内转交法律援助机构，申请法律援助所需提交的有关证件、证明材料由看守所通知申请人的法定代理人或者近亲属协助提供。

第十六条　申请人为无民事行为能力人或者限制民事行为能力人的，由其法定代理人代为提出申请。

无民事行为能力人或者限制民事行为能力人与其法定代理

人之间发生诉讼或者因其他利益纠纷需要法律援助的，由与该争议事项无利害关系的其他法定代理人代为提出申请。

第十七条　公民申请代理、刑事辩护的法律援助应当提交下列证件、证明材料：

（一）身份证或者其他有效的身份证明，代理申请人还应当提交有代理权的证明；

（二）经济困难的证明；

（三）与所申请法律援助事项有关的案件材料。

申请应当采用书面形式，填写申请表；以书面形式提出申请确有困难的，可以口头申请，由法律援助机构工作人员或者代为转交申请的有关机构工作人员作书面记录。

第十八条　法律援助机构收到法律援助申请后，应当进行审查；认为申请人提交的证件、证明材料不齐全的，可以要求申请人作出必要的补充或者说明，申请人未按要求作出补充或者说明的，视为撤销申请；认为申请人提交的证件、证明材料需要查证的，由法律援助机构向有关机关、单位查证。

对符合法律援助条件的，法律援助机构应当及时决定提供法律援助；对不符合法律援助条件的，应当书面告知申请人理由。

第十九条　申请人对法律援助机构作出的不符合法律援助条件的通知有异议的，可以向确定该法律援助机构的司法行政部门提出，司法行政部门应当在收到异议之日起5个工作日内进行审查，经审查认为申请人符合法律援助条件的，应当以书面形式责令法律援助机构及时对该申请人提供法律援助。

第四章　法律援助实施

第二十条　由人民法院指定辩护的案件，人民法院在开庭

10 日前将指定辩护通知书和起诉书副本或者判决书副本送交其所在地的法律援助机构；人民法院不在其所在地审判的，可以将指定辩护通知书和起诉书副本或者判决书副本送交审判地的法律援助机构。

第二十一条 法律援助机构可以指派律师事务所安排律师或者安排本机构的工作人员办理法律援助案件；也可以根据其他社会组织的要求，安排其所属人员办理法律援助案件。对人民法院指定辩护的案件，法律援助机构应当在开庭 3 日前将确定的承办人员名单回复作出指定的人民法院。

第二十二条 办理法律援助案件的人员，应当遵守职业道德和执业纪律，提供法律援助不得收取任何财物。

第二十三条 办理法律援助案件的人员遇有下列情形之一的，应当向法律援助机构报告，法律援助机构经审查核实的，应当终止该项法律援助：

（一）受援人的经济收入状况发生变化，不再符合法律援助条件的；

（二）案件终止审理或者已被撤销的；

（三）受援人又自行委托律师或者其他代理人的；

（四）受援人要求终止法律援助的。

第二十四条 受指派办理法律援助案件的律师或者接受安排办理法律援助案件的社会组织人员在案件结案时，应当向法律援助机构提交有关的法律文书副本或者复印件以及结案报告等材料。

法律援助机构收到前款规定的结案材料后，应当向受指派办理法律援助案件的律师或者接受安排办理法律援助案件的社会组织人员支付法律援助办案补贴。

法律援助办案补贴的标准由省、自治区、直辖市人民政府司法行政部门会同同级财政部门，根据当地经济发展水平，参考法律援助机构办理各类法律援助案件的平均成本等因素核定，并可以根据需要调整。

第二十五条　法律援助机构对公民申请的法律咨询服务，应当即时办理；复杂疑难的，可以预约择时办理。

第五章　法律责任

第二十六条　法律援助机构及其工作人员有下列情形之一的，对直接负责的主管人员以及其他直接责任人员依法给予纪律处分：

（一）为不符合法律援助条件的人员提供法律援助，或者拒绝为符合法律援助条件的人员提供法律援助的；

（二）办理法律援助案件收取财物的；

（三）从事有偿法律服务的；

（四）侵占、私分、挪用法律援助经费的。

办理法律援助案件收取的财物，由司法行政部门责令退还；从事有偿法律服务的违法所得，由司法行政部门予以没收；侵占、私分、挪用法律援助经费的，由司法行政部门责令追回，情节严重，构成犯罪的，依法追究刑事责任。

第二十七条　律师事务所拒绝法律援助机构的指派，不安排本所律师办理法律援助案件的，由司法行政部门给予警告、责令改正；情节严重的，给予1个月以上3个月以下停业整顿的处罚。

第二十八条　律师有下列情形之一的，由司法行政部门给予警告、责令改正；情节严重的，给予1个月以上3个月以下停止执业的处罚：

（一）无正当理由拒绝接受、擅自终止法律援助案件的；

（二）办理法律援助案件收取财物的。

有前款第（二）项违法行为的，由司法行政部门责令退还违法所得的财物，可以并处所收财物价值 1 倍以上 3 倍以下的罚款。

第二十九条 律师办理法律援助案件违反职业道德和执业纪律的，按照律师法的规定予以处罚。

第三十条 司法行政部门工作人员在法律援助的监督管理工作中，有滥用职权、玩忽职守行为的，依法给予行政处分；情节严重，构成犯罪的，依法追究刑事责任。

第六章 附则

第三十一条 本条例自 2003 年 9 月 1 日起施行。

办理法律援助案件程序规定

中华人民共和国司法部令

（第 124 号）

《办理法律援助案件程序规定》已经 2012 年 2 月 21 日司法部部务会议审议通过，现予发布，自 2012 年 7 月 1 日起施行

部长 ＊＊＊

二〇一二年四月九日

办理法律援助案件程序规定

第一章 总 则

第一条 为了规范办理法律援助案件，保证法律援助质量，根据《中华人民共和国刑事诉讼法》、《法律援助条例》等有关法律、行政法规的规定，制定本规定。

第二条 法律援助机构、律师事务所、基层法律服务所、其他社会组织和法律援助人员办理法律援助案件，适用本规定。

第三条 法律援助机构应当建立健全工作机制，为公民获得法律援助提供便利。

第四条 法律援助人员应当依照法律、法规及本规定，遵

守有关法律服务业务规程，为受援人提供优质高效的法律服务。

第五条　法律援助人员应当保守在办理法律援助案件中知悉的国家秘密、商业秘密，不得泄露当事人的隐私。

第六条　法律援助人员办理法律援助案件，应当遵守职业道德和执业纪律，自觉接受监督。

第二章　受理

第七条　法律援助机构应当公示办公地址、通讯方式等信息，在接待场所和司法行政政府网站上公示法律援助条件、程序、申请材料目录和申请示范文本等。

第八条　公民因经济困难就《法律援助条例》第十条规定的事项申请法律援助的，由义务机关所在地、义务人住所地或者被请求人住所地的法律援助机构依法受理。

《法律援助条例》第十一条规定的公民因经济困难申请刑事法律援助的，由办理案件的人民法院、人民检察院、公安机关所在地的法律援助机构受理。

申请人就同一事项向两个以上法律援助机构提出申请的，由最先收到申请的法律援助机构受理。

第九条　公民申请代理、刑事辩护法律援助，应当如实提交下列申请材料：

（一）法律援助申请表。填写申请表确有困难的，由法律援助机构工作人员或者转交申请的机关、单位工作人员代为填写；

（二）身份证或者其他有效的身份证明，申请代理人还应当提交有代理权的证明；

（三）法律援助申请人经济状况证明表；

（四）与所申请法律援助事项有关的案件材料。

法律援助申请人经济状况证明表应当由法律援助地方性法

规、规章规定的有权出具经济困难证明的机关、单位加盖公章。无相关规定的，由申请人住所地或者经常居住地的村民委员会、居民委员会或者所在单位加盖公章。

第十条 申请人持有下列证件、证明材料的，无需提交法律援助申请人经济状况证明表：

（一）城市居民最低生活保障证或者农村居民最低生活保障证；

（二）农村特困户救助证；

（三）农村"五保"供养证；

（四）人民法院给予申请人司法救助的决定；

（五）在社会福利机构中由政府出资供养或者由慈善机构出资供养的证明材料；

（六）残疾证及申请人住所地或者经常居住地的村民委员会、居民委员会出具的无固定生活来源的证明材料；

（七）依靠政府或者单位给付抚恤金生活的证明材料；

（八）因自然灾害等原因导致生活出现暂时困难，正在接受政府临时救济的证明材料；

（九）法律、法规及省、自治区、直辖市人民政府规定的能够证明法律援助申请人经济困难的其他证件、证明材料。

第十一条 被羁押的犯罪嫌疑人、被告人、服刑人员，劳动教养人员、强制隔离戒毒人员申请法律援助的，可以通过办理案件的人民法院、人民检察院、公安机关或者所在监狱、看守所、劳动教养管理所、强制隔离戒毒所转交申请。

第十二条 法律援助机构受理法律援助申请后，应当向申请人出具收到申请材料的书面凭证，载明收到申请材料的名称、数量、日期。

第三章 审 查

第十三条 法律援助机构应当自受理申请之日起 7 个工作日内进行审查，并作出是否给予法律援助的决定；属于本规定第十四条规定情形的，可以适当延长审查期限。

法律援助机构经审查认为申请人提交的申请材料不齐全或者内容不清楚的，应当发出补充材料通知或者要求申请人作出说明。申请人补充材料、作出说明所需的时间不计入审查期限。申请人未按要求补充材料或者作出说明的，视为撤销申请。

第十四条 法律援助机构认为申请人提交的申请材料需要查证的，应当向有关机关、单位调查核实。

受理申请的法律援助机构需要请求异地法律援助机构协助查证的，按照本规定第二十八条的规定办理。

第十五条 法律援助机构经审查，对于有下列情形之一的，应当认定申请人经济困难：

（一）申请人及与其共同生活的家庭成员的人均收入符合法律援助地方性法规或者省、自治区、直辖市人民政府规定的经济困难标准的；

（二）申请事项的对方当事人是与申请人共同生活的家庭成员，申请人的个人收入符合法律援助地方性法规或者省、自治区、直辖市人民政府规定的经济困难标准的；

（三）申请人持本规定第十条规定的证件、证明材料申请法律援助，法律援助机构经审查认为真实有效的。

第十六条 法律援助机构经审查，对符合法律援助条件的，应当决定给予法律援助，并制作给予法律援助决定书；对不符合法律援助条件的，应当决定不予法律援助，并制作不予法律援助决定书。

不予法律援助决定书应当载明不予法律援助的理由及申请人提出异议的权利。

第十七条 给予法律援助决定书和不予法律援助决定书应当发送申请人；属于本规定第十一条规定情形的，法律援助机构还应当同时函告有关人民法院、人民检察院、公安机关及监狱、看守所、劳动教养管理所、强制隔离戒毒所。

第十八条 申请事项符合《法律援助条例》第十条、第十一条规定，且具有下列情形之一的，法律援助机构可以决定先行提供法律援助：

（一）距法定时效届满不足 7 日，需要及时提起诉讼或者申请仲裁、行政复议的；

（二）需要立即申请财产保全、证据保全或者先予执行的；

（三）其他紧急或者特殊情况。

先行提供法律援助的，受援人应当在法律援助机构确定的期限内补交规定的申请材料。法律援助机构经审查认为受援人不符合经济困难标准的，应当终止法律援助，并按照本规定第三十三条第二款的规定办理。

第十九条 申请人对法律援助机构不予法律援助的决定有异议的，可以向主管该法律援助机构的司法行政机关提出。

司法行政机关经审查认为申请人符合法律援助条件的，应当以书面形式责令法律援助机构及时对该申请人提供法律援助，同时书面告知申请人；认为申请人不符合法律援助条件的，应当维持法律援助机构不予法律援助的决定，书面告知申请人并说明理由。

第四章　承　办

第二十条 对于民事、行政法律援助案件，法律援助机构应当自作出给予法律援助决定之日起 7 个工作日内指派律师事务所、基层法律服务所、其他社会组织安排其所属人员承办，或者安排本机构的工作人员承办。

对于刑事法律援助案件，法律援助机构应当自作出给予法律援助决定或者收到指定辩护通知书之日起 3 个工作日内指派律师事务所安排律师承办，或者安排本机构的法律援助律师承办。

第二十一条　法律援助机构应当根据本机构、律师事务所、基层法律服务所、其他社会组织的人员数量、资质、专业特长、承办法律援助案件的情况、受援人意愿等因素合理指派或者安排承办机构、人员。

法律援助机构、律师事务所应当指派或者安排具有一定年限刑事辩护执业经历的律师担任死刑案件的辩护人。

第二十二条　法律援助机构、律师事务所、基层法律服务所或者其他社会组织应当自指派或者安排法律援助人员之日起 5 个工作日内将法律援助人员姓名和联系方式告知受援人，并与受援人或者其法定代理人、近亲属签订委托代理协议，但因受援人的原因无法按时签订的除外。

第二十三条　法律援助人员应当在受委托的权限内，通过和解、调解、申请仲裁和提起诉讼等方式依法最大限度维护受援人合法权益。

法律援助人员代理受援人以和解或者调解方式解决纠纷的，应当征得受援人同意。

第二十四条　法律援助机构对公民申请的法律咨询服务，应当即时解答；复杂疑难的，可以与申请人预约择时办理。在解答法律咨询过程中，认为申请人可能符合代理或者刑事辩护法律援助条件的，应当告知其可以依法提出申请。

第二十五条 对于民事诉讼法律援助案件，法律援助人员应当告知受援人可以向人民法院申请司法救助，并提供协助。

第二十六条 法律援助人员会见受援人，应当制作会见笔录。会见笔录应当经受援人确认无误后签名或者按指印；受援人无阅读能力的，法律援助人员应当向受援人宣读笔录，并在笔录上载明。对于指定辩护的案件，法律援助人员应当在首次会见犯罪嫌疑人、被告人时，询问是否同意为其辩护，并记录在案。犯罪嫌疑人、被告人不同意的，应当书面告知人民法院、人民检察院、公安机关和法律援助机构。

第二十七条 法律援助人员承办案件，应当根据需要依法进行调查取证，并可以根据需要请求法律援助机构出具必要的证明文件或者与有关机关、单位进行协调。

第二十八条 法律援助人员认为需要异地调查取证的，可以向作出指派或者安排的法律援助机构报告。作出指派或者安排的法律援助机构可以请求调查取证事项所在地的法律援助机构协作。

法律援助机构请求协作的，应当向被请求的法律援助机构发出协作函件，说明案件基本情况、需要调查取证的事项、办理时限等。被请求的法律援助机构应当予以协作。因客观原因无法协作的，应当向请求协作的法律援助机构书面说明理由。

第二十九条 对于人民法院开庭审理的刑事案件，法律援助人员应当做好开庭前准备；庭审中充分陈述、质证；庭审结束后，法律援助人员应当向人民法院提交刑事辩护或者代理书面意见。

对于人民法院决定不开庭审理的指定辩护案件，法律援助人员应当自收到法律援助机构指派函之日起 10 日内向人民法院提交刑事辩护书面意见。对于其他不开庭审理的刑事案件，法律援助人员应当按照人民法院规定的期限提交刑事辩护或者代理书面意见。

第三十条　法律援助人员应当向受援人通报案件办理情况，答复受援人询问，并制作通报情况记录。

第三十一条　法律援助人员应当按照法律援助机构要求报告案件承办情况。

法律援助案件有下列情形之一的，法律援助人员应当向法律援助机构报告：

（一）主要证据认定、适用法律等方面有重大疑义的；

（二）涉及群体性事件的；

（三）有重大社会影响的；

（四）其他复杂、疑难情形。

第三十二条　受援人有证据证明法律援助人员不依法履行义务的，可以请求法律援助机构更换法律援助人员。

法律援助机构应当自受援人申请更换之日起 5 个工作日内决定是否更换。决定更换的，应当另行指派或者安排人员承办。对犯罪嫌疑人、被告人具有应当指定辩护的情形，人民法院、人民检察院、公安机关决定为其另行指定辩护人的，法律援助机构应当另行指派或者安排人员承办。

更换法律援助人员的，原法律援助人员所属单位应当与受援人解除或者变更委托代理协议，原法律援助人员应当与更换后的法律援助人员办理案件材料移交手续。

第三十三条　有下列情形之一的，应当终止法律援助：

（一）受援人不再符合法律援助经济困难标准的；

（二）案件依法终止审理或者被撤销的；

（三）受援人自行委托其他代理人或者辩护人的；

（四）受援人要求终止法律援助的；

（五）受援人利用法律援助从事违法活动的；

（六）受援人故意隐瞒与案件有关的重要事实或者提供虚假证据的；

（七）法律、法规规定应当终止的其他情形。

有上述情形的，法律援助人员应当向法律援助机构报告。法律援助机构经审查核实，决定终止法律援助的，应当制作终止法律援助决定书，并发送受援人，同时函告法律援助人员所属单位和有关机关、单位。法律援助人员所属单位应当与受援人解除委托代理协议。

受援人对法律援助机构终止法律援助的决定有异议的，按照本规定第十九条的规定办理。

第三十四条　法律援助人员应当自法律援助案件结案之日起 30 日内向法律援助机构提交立卷材料。

诉讼案件以法律援助人员收到判决书、裁定书、调解书之日为结案日。仲裁案件或者行政复议案件以法律援助人员收到仲裁裁决书、行政复议决定书原件或者复印件之日为结案日；其他非诉讼法律事务以受援人与对方当事人达成和解、调解协议之日为结案日；无相关文书的，以义务人开始履行义务之日为结案日。法律援助机构终止法律援助的，以法律援助人员所属单位收到终止法律援助决定函之日为结案日。

第三十五条　法律援助机构应当自收到法律援助人员提交的立卷材料之日起 30 日内进行审查。对于立卷材料齐全的，应当按照规定通过法律援助人员所属单位向其支付办案补贴。

第三十六条　作出指派的法律援助机构应当对法律援助人员提交的立卷材料及受理、审查、指派等材料进行整理，一案一卷，统一归档管理。

第五章　附　则

第三十七条　法律援助机构、律师事务所、基层法律服务所和法律援助人员从事法律援助活动违反本规定的，依照《中华人民共和国律师法》、《法律援助条例》、《律师和律师事务所违法行为处罚办法》等法律、法规和规章的规定追究法律责任。

第三十八条　法律援助文书格式由司法部制定。

第三十九条　本规定自 2012 年 7 月 1 日起施行。

中共中央办公厅、国务院办公厅印发 《关于完善法律援助制度的意见》

中共中央办公厅、国务院办公厅印发《关于完善 法律援助制度的意见》

（中办发〔2015〕37号 2015年6月29日）

法律援助是国家建立的保障经济困难公民和特殊案件当事人获得必要的法律咨询、代理、刑事辩护等无偿法律服务，维护当事人合法权益、维护法律正确实施、维护社会公平正义的一项重要法律制度。法律援助工作是一项重要的民生工程。近年来，各地认真贯彻《法律援助条例》，法律援助覆盖面逐步扩大，服务质量不断提高，制度建设积极推进，保障能力逐步增强，为保障和改善民生、促进社会公平正义发挥了积极作用。但是，与人民群众特别是困难群众日益增长的法律援助需求相比，法律援助工作还存在制度不够完善、保障机制不够健全、援助范围亟待扩大等问题。为认真落实中央关于全面推进依法治国的重大战略部署，进一步加强法律援助工作，完善中国特色社会主义法律援助制度，提出以下意见。

一、总体要求

（一）指导思想。以邓小平理论、"三个代表"重要思想、科学发展观为指导，认真贯彻党的十八大和十八届三中、四中全会精神，深入学习贯彻习近平总书记系列重要讲话精神，按照党中央、国务院决策部署，健全体制机制，坚持和完善党委政府领导、司法行政机关具体负责、有关部门协作配合、社会力量广泛参与的中国特色社会主义法律援助制度，紧紧围绕经济社会发展和人民群众实际需要，落实政府责任，不断扩大法律援助范围，提高援助质量，保证人民群众在遇到法律问题或者权利受到侵害时获得及时有效法律帮助。

（二）基本原则

——坚持以人为本。把维护人民群众合法权益作为出发点和落脚点，积极回应民生诉求，完善便民利民措施，推进公共法律服务体系建设，加强民生领域法律服务，努力为困难群众提供及时便利、优质高效的法律援助服务，将涉及困难群体的矛盾纠纷纳入法治化轨道解决，有效化解社会矛盾，维护社会和谐稳定。

——促进公平正义。把保障公平正义作为法律援助工作的首要价值追求，依法履行法律援助职责，扩大法律援助范围，使符合条件的公民都能获得法律援助，平等享受法律保护，努力让人民群众在每一个案件中都感受到公平正义。

——推进改革创新。立足基本国情，积极探索法律援助工作发展规律，创新工作理念、工作机制和方式方法，实现法律援助申请快捷化、审查简便化、服务零距离，不断提高法律援助工作规范化、制度化、法治化水平。

二、扩大法律援助范围

（三）扩大民事、行政法律援助覆盖面。各省（自治区、直辖市）要在《法律援助条例》规定的经济困难公民请求国家赔偿，给予社会保险待遇或者最低生活保障待遇，发给抚恤金、救济金，给付赡养费、抚养费、扶养费，支付劳动报酬等法律援助范围的基础上，逐步将涉及劳动保障、婚姻家庭、食品药品、教育医疗等与民生紧密相关的事项纳入法律援助补充事项范围，帮助困难群众运用法律手段解决基本生产生活方面的问题。探索建立法律援助参与申诉案件代理制度，开展试点，逐步将不服司法机关生效民事和行政裁判、决定，聘不起律师的申诉人纳入法律援助范围。综合法律援助资源状况、公民法律援助需求等因素，进一步放宽经济困难标准，降低法律援助门槛，使法律援助覆盖人群逐步拓展至低收入群体，惠及更多困难群众。认真组织办理困难群众就业、就学、就医、社会保障等领域涉及法律援助的案件，积极提供诉讼和非诉讼代理服务，重点做好农民工、下岗失业人员、妇女、未成年人、老年人、残疾人和军人军属等群体法律援助工作，切实维护其合法权益。

（四）加强刑事法律援助工作。注重发挥法律援助在人权司法保障中的作用，保障当事人合法权益。落实刑事诉讼法及相关配套法规制度关于法律援助范围的规定，畅通刑事法律援助申请渠道，加强司法行政机关与法院、检察院、公安机关等办案机关的工作衔接，完善被羁押犯罪嫌疑人、被告人经济困难证明制度，建立健全办案机关通知辩护工作机制，确保告知、转交申请、通知辩护（代理）等工作协调顺畅，切实履行侦查、审查起诉和审判阶段法律援助工作职责。开展试点，逐步开展为不服司法机关生效刑事裁判、决定的经济困难申诉人提供法律援助的工作。建立法律援助值班律师制度，法律援助机构在法院、看守所派驻法律援助值班律师。健全法律援助参与刑事案件速裁程序试点工作机制。建立法律援助参与刑事和解、死刑复核案件办理工作机制，依法为更多的刑事诉讼当事人提供法律援助。

（五）实现法律援助咨询服务全覆盖。建立健全法律援助便民服务窗口，安排专业人员免费为来访群众提供法律咨询。对咨询事项属于法律援助范围的，应当告知当事人申请程序，对疑难咨询事项实行预约解答。拓展基层服务网络，推进法律援助工作站点向城乡社区延伸，方便群众及时就近获得法律咨询。加强"12348"法律服务热线建设，有条件的地方开设针对农民工、妇女、未成年人、老年人等群体的维权专线，充分发挥解答法律咨询、宣传法律知识、指导群众依法维权的作用。创新咨询服务方式，运用网络平台和新兴传播工具，提高法律援助咨询服务的可及性。广泛开展公共法律教育，积极提供法律信息和帮助，引导群众依法表达合理诉求。

三、提高法律援助质量

（六）推进法律援助标准化建设。建立健全法律援助组织实施各环节业务规范。完善申请和受理审查工作制度，推进援务公开，规范法律援助机构审查职责范围和工作程序。改进案件指派工作制度，综合案件类型、法律援助人员专业特长、受援人意愿等因素，合理指派承办机构和人员。严格办理死刑、未成年人等案件承办人员资质条件，确保案件办理质量。探索办理跨行政区划法院、检察院受理、审理案件的指派机制。完善法律援助承办环节工作制度，规范法律咨询、非诉讼事项、诉讼事项办理流程，制定刑事、民事、行政法律援助案件质量标准。

（七）加强法律援助质量管理。认真履行法律援助组织实施职责，规范接待、受理、审查、指派等行为，严格执行法律援助事项范围和经济困难标准，使符合条件的公民都能及时获得法律援助。教育引导法律援助人员严格遵守法定程序和执业规范，提供符合标准的法律援助服务。根据案件不同类别组建法律援助专业服务团队，探索创新法律援助案件指派方式，对重大疑难案件实行集体讨论、全程跟踪、重点督办，提高案件办理专业化水平。完善服务质量监管机制，综合运用质量评估、庭审旁听、案卷检查、征询司法机关意见和受援人回访等措施强化案件质量管理。加大信息技术在法律援助流程管理、质量评估、业绩考核等方面的应用。逐步推行办案质量与办案补贴挂钩的差别案件补贴制度，根据案件办理质量确定不同级别发放标准，促进提高办案质量。完善法律援助投诉处理制度，进一步规范投诉事项范围、程序和处理反馈工作，提高投诉处理工作水平。

（八）完善法律援助便民服务机制。建立健全便民利民措施，加强长效机制建设，简化程序、手续，丰富服务内容。加强便民窗口规范化服务，优化服务环境、改进服务态度，推行服务承诺制、首问负责制、限时办结制、援务公开制，规范履行服务指引、法律咨询、申请受理、查询答疑等职责。拓宽申请渠道，发挥法律援助工作站、联络点贴近基层的优势，方便困难群众及时就近提出申请，在偏远地区和困难群众集中的地区设立流动工作站巡回受案。对有特殊困难的受援对象推行电话申请、上门受理等服务方式，逐步实行网上受理申请。简化审查程序，对城乡低保对象、特困供养人员等正在接受社会救助的对象和无固定生活来源的残疾人、老年人等特定群体，以及申请支付劳动报酬、工伤赔偿的农民工，免除经济困难审查；逐步建立法律援助对象动态数据库，提高审查效率；对情况紧急的案件可以先行受理，事后补办材料、手续；开辟法律援助"快速通道"，有条件的地方对未成年人、老年人、残疾人符合条件的申请实行当日受理、审查，并快速办理。加强军地法律援助服务网络建设，健全军人军属法律援助工作机制。建立完善法律援助异地协作机制，加强法律援助机构在转交申请、核实情况、调查取证、送达法律文书等环节的协助配合，方便受援人异地维护自身合法权益。延伸服务领域，注重对受援人进行人文关怀和心理疏导，完善法律援助与司法救助、社会救助工作衔接机制，提升服务效果。

四、提高法律援助保障能力

（九）完善经费保障体制。按照明确责任、分类负担、收支脱钩、全额保障的原则，完善法律援助经费保障体制，明确经费使用范围和保障标准，确保经费保障水平适应办案工作需要。中央财政要引导地方特别是中西部地区加大对法律援助经费的投入力度。省级财政要为法律援助提供经费支持，加大对经济欠发达地区的转移支付力度，提高经济欠发达地区的财政保障能力。市、县级财政要将法律援助经费全部纳入同级财政预算，根据地方财力和办案量合理安排经费。适当提高办案补贴标准并及时足额支付。建立动态调整机制，根据律师承办案件成本、基本劳务费用等因素及时调整补贴标准。鼓励社会对法律援助活动提供捐助，充分发挥法律援助基金会的资金募集作用。财政、审计等部门要加强对法律援助经费的绩效考核和监督，确保专款专用，提高经费使用效益。

（十）加强基础设施建设。加大法律援助基础设施建设投入力度，建设与服务困难群众工作需要相适应的服务设施，提高办公办案设施配备水平。鼓励支持地方加强临街一层便民服务窗口建设，合理划分功能区域，完善无障碍配套服务设施，满足接待群众需要。各地要支持法律援助工作站（点）建设，配备必要的工作和服务设施，方便困难群众就近获得法律援助。

加强信息化建设，加大投入力度，改善基层信息基础设施，提升法律援助信息管理水平，实现集援务公开、咨询服务、网上审查、监督管理于一体的网上管理服务，实现与相关单位的信息共享和工作协同。

（十一）加强机构队伍建设。依托现有资源加强法律援助机构建设，配齐配强人员。把思想政治建设摆在突出位置，切实提高法律援助队伍思想政治素质和职业道德水平。探索法律援助队伍专业化、职业化发展模式，加强法律援助人才库建设，培养一批擅长办理法律援助案件的专业人员。加强教育培训工作，加大培训教材、师资、经费等投入，完善培训体系和工作机制，提高法律援助人员专业素质和服务能力。完善律师、基层法律服务工作者参与法律援助工作相关权益保障、政策扶持措施，调动律师、基层法律服务工作者等人员的积极性。加大政府购买法律援助服务力度，吸纳社会工作者参与法律援助，鼓励和支持人民团体、社会组织开展法律援助工作。多渠道解决律师资源短缺地区法律援助工作力量不足问题，充实县区法律援助机构办案人员，在农村注重发挥基层法律服务工作者的作用，加大力度调配优秀律师、大学生志愿者等服务力量支持律师资源短缺地区法律援助工作。深入开展法律援助志愿服务行动。

五、切实加强组织领导

（十二）加强组织领导。地方各级党委和政府要高度重视法律援助工作，将其纳入党的群众工作范围，纳入地方经济和社会发展总体规划、基本公共服务体系、为民办实事和民生工程，帮助解决工作中遇到的困难和问题。建立法律援助补充事项范围和经济困难标准动态调整机制，各省（自治区、直辖市）要根据本行政区域经济发展状况和法律援助工作需要，及时审查、调整补充事项范围和经济困难标准，促进法律援助事业与经济社会协调发展。建立法律援助责任履行情况考评机制、报告制度和督导检查制度，确保落实到位。发挥政府主导作用，鼓励和支持社会力量通过多种方式依法有序参与法律援助工作。推进法律援助立法工作，提高法治化水平。

（十三）强化监督管理和实施。各级司法行政机关是法律援助工作的监督管理部门，要健全管理体制，加强对法律援助机构执行法律法规和政策情况的监督，完善责任追究制度，确保法律援助机构和人员依法履行职责。加强《法律援助条例》配套规章制度建设，构建层次清晰、体系完备的制度体系。法律援助机构要切实履行组织实施职责，认真做好受理、审查、指派、支付办案补贴等工作，组织引导律师、基层法律服务工作者积极履行法律援助义务，律师每年应承办一定数量法律援助案件，建立健全律师事务所等法律服务机构和人员开展法律援助的考核评价机制。完善公证处、司法鉴定机构依法减免相关费用制度，并加强工作衔接。加强对人民团体、社会组织和志愿者从事法律援助服务的指导和规范，维护法律援助秩序。积极利用传统媒体和新兴媒体，扩大法律援助宣传的覆盖面，增强宣传效果。

（十四）加强部门协调配合。各有关部门和单位要根据本意见，研究提出落实措施。法院、检察院、公安机关要为法律援助办案工作提供必要支持，进一步完善民事诉讼和行政诉讼法律援助与诉讼费用减免缓制度的衔接机制，健全国家赔偿法律援助工作机制，完善刑事诉讼法律援助中法院、检察院、公安机关、司法行政机关的配合工作机制。发展改革、民政、财政、人力资源社会保障、国土资源、住房城乡建设、卫生计生、工商、档案等部门要按照职能分工，支持法律援助基层基础设施建设，落实经费保障，提供办案便利。各人民团体要充分利用自身优势参与做好法律援助工作。各有关部门和单位要形成工作合力，推动完善法律援助制度，更好地保障和改善民生。

最高人民法院、最高人民检察院、公安部、司法部关于印发《关于刑事诉讼法律援助工作的规定》的通知（2013年修改）

最高人民法院、最高人民检察院、公安部、司法部关于印发《关于刑事诉讼法律援助工作的规定》的通知

（司发通〔2013〕18号）

各省、自治区、直辖市高级人民法院、人民检察院、公安厅（局）、司法厅（局），解放军军事法院、军事检察院、总政司法局、新疆维吾尔自治区高级人民法院生产建设兵团分院、新疆生产建设兵团人民检察院、公安局、司法局、监狱管理局：

为贯彻实施修改后刑事诉讼法有关法律援助的规定，加强和规范刑事法律援助工作，在深入调研论证和广泛征求意见的基础上，最高人民法院、最高人民检察院、公安部、司法部对2005年9月28日联合印发的《关于刑事诉讼法律援助工作的规定》进行了修改。现印发你们，请遵照执行。

最高人民法院
最高人民检察院
公安部
司法部
二〇一三年二月四日

关于刑事诉讼法律援助工作的规定

第一条 为加强和规范刑事诉讼法律援助工作，根据《中华人民共和国刑事诉讼法》、《中华人民共和国律师法》、《法律援助条例》以及其他相关规定，结合法律援助工作实际，制定本规定。

第二条 犯罪嫌疑人、被告人因经济困难没有委托辩护人的，本人及其近亲属可以向办理案件的公安机关、人民检察院、人民法院所在地同级司法行政机关所属法律援助机构申请法律援助。

具有下列情形之一，犯罪嫌疑人、被告人没有委托辩护人的，可以依照前款规定申请法律援助：

（一）有证据证明犯罪嫌疑人、被告人属于一级或者二级智力残疾的；

（二）共同犯罪案件中，其他犯罪嫌疑人、被告人已委托辩护人的；

（三）人民检察院抗诉的；

（四）案件具有重大社会影响的。

第三条 公诉案件中的被害人及其法定代理人或者近亲属，自诉案件中的自诉人及其法定代理人，因经济困难没有委托诉讼代理人的，可以向办理案件的人民检察院、人民法院所在地同级司法行政机关所属法律援助机构申请法律援助。

第四条 公民经济困难的标准，按案件受理地所在的省、自治区、直辖市人民政府的规定执行。

第五条 公安机关、人民检察院在第一次讯问犯罪嫌疑人或者采取强制措施的时候，应当告知犯罪嫌疑人有权委托辩护人，并告知其如果符合本规定第二条规定，本人及其近亲属可以向法律援助机构申请法律援助。

人民检察院自收到移送审查起诉的案件材料之日起 3 日内，应当告知犯罪嫌疑人有权委托辩护人，并告知其如果符合本规定第二条规定，本人及其近亲属可以向法律援助机构申请法律援助；应当告知被害人及其法定代理人或者近亲属有权委托诉讼代理人，并告知其如果经济困难，可以向法律援助机构申请法律援助。

人民法院自受理案件之日起 3 日内，应当告知被告人有权委托辩护人，并告知其如果符合本规定第二条规定，本人及其近亲属可以向法律援助机构申请法律援助；应当告知自诉人及其法定代理人有权委托诉讼代理人，并告知其如果经济困难，可以向法律援助机构申请法律援助。人民法院决定再审的案件，应当自决定再审之日起 3 日内履行相关告知职责。

犯罪嫌疑人、被告人具有本规定第九条规定情形的，公安机关、人民检察院、人民法院应当告知其如果不委托辩护人，将依法通知法律援助机构指派律师为其提供辩护。

第六条　告知可以采取口头或者书面方式，告知的内容应当易于被告知人理解。口头告知的，应当制作笔录，由被告知人签名；书面告知的，应当将送达回执入卷。对于被告知人当场表达申请法律援助意愿的，应当记录在案。

第七条　被羁押的犯罪嫌疑人、被告人提出法律援助申请的，公安机关、人民检察院、人民法院应当在收到申请 24 小时内将其申请转交或者告知法律援助机构，并于 3 日内通知申请人的法定代理人、近亲属或者其委托的其他人员协助向法律援助机构提供有关证件、证明等相关材料。犯罪嫌疑人、被告人的法定代理人或者近亲属无法通知的，应当在转交申请时一并告知法律援助机构。

第八条 法律援助机构收到申请后应当及时进行审查并于 7 日内作出决定。对符合法律援助条件的，应当决定给予法律援助，并制作给予法律援助决定书；对不符合法律援助条件的，应当决定不予法律援助，制作不予法律援助决定书。给予法律援助决定书和不予法律援助决定书应当及时发送申请人，并函告公安机关、人民检察院、人民法院。

对于犯罪嫌疑人、被告人申请法律援助的案件，法律援助机构可以向公安机关、人民检察院、人民法院了解案件办理过程中掌握的犯罪嫌疑人、被告人是否具有本规定第二条规定情形等情况。

第九条 犯罪嫌疑人、被告人具有下列情形之一没有委托辩护人的，公安机关、人民检察院、人民法院应当自发现该情形之日起 3 日内，通知所在地同级司法行政机关所属法律援助机构指派律师为其提供辩护：

（一）未成年人；

（二）盲、聋、哑人；

（三）尚未完全丧失辨认或者控制自己行为能力的精神病人；

（四）可能被判处无期徒刑、死刑的人。

第十条 公安机关、人民检察院、人民法院通知辩护的，应当将通知辩护公函和采取强制措施决定书、起诉意见书、起诉书、判决书副本或者复印件送交法律援助机构。

通知辩护公函应当载明犯罪嫌疑人或者被告人的姓名、涉嫌的罪名、羁押场所或者住所、通知辩护的理由、办案机关联系人姓名和联系方式等。

第十一条 人民法院自受理强制医疗申请或者发现被告人

符合强制医疗条件之日起 3 日内，对于被申请人或者被告人没有委托诉讼代理人的，应当向法律援助机构送交通知代理公函，通知其指派律师担任被申请人或被告人的诉讼代理人，为其提供法律帮助。

人民检察院申请强制医疗的，人民法院应当将强制医疗申请书副本一并送交法律援助机构。

通知代理公函应当载明被申请人或者被告人的姓名、法定代理人的姓名和联系方式、办案机关联系人姓名和联系方式。

第十二条　法律援助机构应当自作出给予法律援助决定或者自收到通知辩护公函、通知代理公函之日起 3 日内，确定承办律师并函告公安机关、人民检察院、人民法院。

法律援助机构出具的法律援助公函应当载明承办律师的姓名、所属单位及联系方式。

第十三条　对于可能被判处无期徒刑、死刑的案件，法律援助机构应当指派具有一定年限刑事辩护执业经历的律师担任辩护人。

对于未成年人案件，应当指派熟悉未成年人身心特点的律师担任辩护人。

第十四条　承办律师接受法律援助机构指派后，应当按照有关规定及时办理委托手续。

承办律师应当在首次会见犯罪嫌疑人、被告人时，询问是否同意为其辩护，并制作笔录。犯罪嫌疑人、被告人不同意的，律师应当书面告知公安机关、人民检察院、人民法院和法律援助机构。

第十五条　对于依申请提供法律援助的案件，犯罪嫌疑人、被告人坚持自己辩护，拒绝法律援助机构指派的律师为其辩护的，法律援助机构应当准许，并作出终止法律援助的决定；对于有正当理由要求更换律师的，法律援助机构应当另行指派律师为其提供辩护。

对于应当通知辩护的案件，犯罪嫌疑人、被告人拒绝法律援助机构指派的律师为其辩护的，公安机关、人民检察院、人民法院应当查明拒绝的原因，有正当理由的，应当准许，同时告知犯罪嫌疑人、被告人需另行委托辩护人。犯罪嫌疑人、被告人未另行委托辩护人的，公安机关、人民检察院、人民法院应当及时通知法律援助机构另行指派律师为其提供辩护。

第十六条 人民检察院审查批准逮捕时，认为犯罪嫌疑人具有应当通知辩护的情形，公安机关未通知法律援助机构指派律师的，应当通知公安机关予以纠正，公安机关应当将纠正情况通知人民检察院。

第十七条 在案件侦查终结前，承办律师提出要求的，侦查机关应当听取其意见，并记录在案。承办律师提出书面意见的，应当附卷。

第十八条 人民法院决定变更开庭时间的，应当在开庭3日前通知承办律师。承办律师有正当理由不能按时出庭的，可以申请人民法院延期开庭。人民法院同意延期开庭的，应当及时通知承办律师。

第十九条 人民法院决定不开庭审理的案件，承办律师应当在接到人民法院不开庭通知之日起10日内向人民法院提交书面辩护意见。

第二十条 人民检察院、人民法院应当对承办律师复制案卷材料的费用予以免收或者减收。

第二十一条 公安机关在撤销案件或者移送审查起诉后，人民检察院在作出提起公诉、不起诉或者撤销案件决定后，人民法院在终止审理或者作出裁决后，以及公安机关、人民检察院、人民法院将案件移送其他机关办理后，应当在 5 日内将相关法律文书副本或者复印件送达承办律师，或者书面告知承办律师。

公安机关的起诉意见书，人民检察院的起诉书、不起诉决定书，人民法院的判决书、裁定书等法律文书，应当载明作出指派的法律援助机构名称、承办律师姓名以及所属单位等情况。

第二十二条　具有下列情形之一的，法律援助机构应当作出终止法律援助决定，制作终止法律援助决定书发送受援人，并自作出决定之日起 3 日内函告公安机关、人民检察院、人民法院：

（一）受援人的经济收入状况发生变化，不再符合法律援助条件的；

（二）案件终止办理或者已被撤销的；

（三）受援人自行委托辩护人或者代理人的；

（四）受援人要求终止法律援助的，但应当通知辩护的情形除外；

（五）法律、法规规定应当终止的其他情形。

公安机关、人民检察院、人民法院在案件办理过程中发现有前款规定情形的，应当及时函告法律援助机构。

第二十三条　申请人对法律援助机构不予援助的决定有异议的，可以向主管该法律援助机构的司法行政机关提出。司法行政机关应当在收到异议之日起 5 个工作日内进行审查，经审查认为申请人符合法律援助条件的，应当以书面形式责令法律援助机构及时对该申请人提供法律援助，同时通知申请人；认为申请人不符合法律援助条件的，应当维持法律援助机构不予援助的决定，并书面告知申请人。

受援人对法律援助机构终止法律援助的决定有异议的，按照前款规定办理。

第二十四条　犯罪嫌疑人、被告人及其近亲属、法定代理人，强制医疗案件中的被申请人、被告人的法定代理人认为公安机关、人民检察院、人民法院应当告知其可以向法律援助机构申请法律援助而没有告知，或者应当通知法律援助机构指派律师为其提供辩护或者诉讼代理而没有通知的，有权向同级或者上一级人民检察院申诉或者控告。人民检察院应当对申诉或者控告及时进行审查，情况属实的，通知有关机关予以纠正。

第二十五条　律师应当遵守有关法律法规和法律援助业务规程，做好会见、阅卷、调查取证、解答咨询、参加庭审等工作，依法为受援人提供法律服务。

律师事务所应当对律师办理法律援助案件进行业务指导，督促律师在办案过程中尽职尽责，恪守职业道德和执业纪律。

第二十六条　法律援助机构依法对律师事务所、律师开展法律援助活动进行指导监督，确保办案质量。

司法行政机关和律师协会根据律师事务所、律师履行法律援助义务情况实施奖励和惩戒。

公安机关、人民检察院、人民法院在案件办理过程中发现律师有违法或者违反职业道德和执业纪律行为，损害受援人利益的，应当及时向法律援助机构通报有关情况。

第二十七条　公安机关、人民检察院、人民法院和司法行政机关应当加强协调，建立健全工作机制，做好法律援助咨询、申请转交、组织实施等方面的衔接工作，促进刑事法律援助工作有效开展。

第二十八条　本规定自 2013 年 3 月 1 日起施行。2005 年 9 月 28 日最高人民法院、最高人民检察院、公安部、司法部下发的《关于刑事诉讼法律援助工作的规定》同时废止。

广东省法律援助条例（2016年修订）

广东省第十二届人民代表大会常务委员会公告

（第52号）

《广东省法律援助条例》已由广东省第十二届人民代表大会常务委员会第二十四次会议于2016年2月26日修订通过，现将修订后的《广东省法律援助条例》公布，自2016年4月1日起施行。

广东省人民代表大会常务委员会

2016年2月26日

广东省法律援助条例

（1999年8月15日广东省第九届人民代表大会常务委员会第十一次会议通过

2006年9月28日广东省第十届人民代表大会常务委员会第二十七次会议第一次修订

2016年2月26日广东省第十二届人民代表大会常务委员会第二十四次会议第二次修订）

第一章　总　则

第一条　为了保障经济困难公民获得必要的法律服务，维护当事人合法权益，维护法律正确实施，维护社会公平正义，促进和规范法律援助工作，根据《法律援助条例》和有关法律、行政法规，结合本省实际，制定本条例。

第二条　本条例所称法律援助，是指依法确定的法律援助机构指派或者安排法律援助人员，为经济困难公民和特殊案件当事人免费提供法律咨询、代理、刑事辩护等法律服务的活动。

本条例所称法律援助人员，是指由法律援助机构指派或者安排，提供法律服务的律师、基层法律服务工作者、法律援助志愿者及其他人员。

第三条　省人民政府应当规定法律援助经济困难标准，并根据本省国民经济和社会发展、法律援助的资源和需求，以及公民支付法律服务费用的能力等因素适时进行调整。

地级以上市、县（市、区）可以根据本行政区域的实际情况，制定优于省标准的法律援助经济困难标准。

法律援助经济困难标准应当向社会公布。

第四条　法律援助是政府的责任。县级以上人民政府应当采取措施推动法律援助工作，建立法律援助经费保障制度，将法律援助所需经费列入财政预算，保障法律援助事业与经济、社会协调发展。法律援助经费应当专款专用，接受财政、审计部门的监督。

乡镇人民政府、街道办事处应当协同做好法律援助工作。

第五条　县级以上人民政府司法行政部门负责监督管理本行政区域的法律援助工作。

人民法院、人民检察院、公安机关及其他有关部门应当依法做好与法律援助有关的工作。

第六条　法律援助机构负责本行政区域法律援助日常工作，指导下级法律援助机构的工作。

第七条　律师协会应当按照律师协会章程对依据本条例实施的法律援助工作予以协助。

第八条　工会、共产主义青年团、妇女联合会、残疾人联合会等社会团体以及高等院校、企业事业单位和其他社会组织可以利用自身资源依法参与法律援助，发挥法律援助志愿者的作用。

各级司法行政部门或者法律援助机构可以根据需要向社会购买法律援助服务。

第九条　法律援助机构和法律援助人员应当遵守法定程序和执业规范，为受援人提供符合标准的法律援助，确保法律援助质量。

省人民政府司法行政部门应当建立健全法律援助质量标准和质量评估体系。

第十条　各级人民政府应当组织和加强法律援助宣传，使公众普遍知晓法律援助。

新闻出版、广播电视、网络等媒体应当开展法律援助的公益宣传。

第二章　条件、对象与方式

第十一条　经济困难公民、特殊案件当事人在遇到法律问题或者合法权益受到侵害时，可以申请法律援助。

第十二条　福利院、孤儿院、养老机构、光荣院、优抚医院、精神病院、SOS儿童村等社会福利机构，因维护其合法民事权益需要法律帮助的，法律援助机构根据其申请可以提供法律援助。

社会组织依法对污染环境、破坏生态等损害社会公共利益的行为向人民法院提起民事公益诉讼的，法律援助机构根据其申请可以提供法律援助。

第十三条 犯罪嫌疑人、被告人属于下列情形之一，没有委托辩护人的，人民法院、人民检察院、公安机关应当通知法律援助机构指派律师为其提供辩护：

（一）盲、聋、哑人和智力残疾人；

（二）尚未完全丧失辨认或者控制自己行为能力的精神病人；

（三）未成年人；

（四）可能被判处无期徒刑、死刑。

省高级人民法院复核死刑案件，被告人没有委托辩护人的，应当通知省法律援助机构指派律师为其提供辩护。

第十四条 对于应当通知辩护的犯罪嫌疑人、被告人拒绝法律援助机构指派的律师为其辩护的，人民法院、人民检察院、公安机关应当查明拒绝的原因，有正当理由的，应当准许，将犯罪嫌疑人、被告人拒绝辩护的情况书面告知法律援助机构，同时告知犯罪嫌疑人、被告人需另行委托辩护人。犯罪嫌疑人、被告人未另行委托辩护人的，人民法院、人民检察院、公安机关应当依法通知法律援助机构另行指派律师为其提供辩护。

第十五条 刑事诉讼中有下列情形之一，被告人没有委托辩护人的，人民法院可以通知法律援助机构指派律师提供辩护：

（一）共同犯罪案件中，其他被告人已委托辩护人；

（二）有重大社会影响的案件；

（三）人民检察院抗诉的案件；

（四）被告人的行为可能不构成犯罪；

（五）被告人为外国人或者无国籍人；

（六）恐怖犯罪案件和危害国家安全犯罪案件；

（七）法律、法规规定的其他情形。

第十六条　人民法院、人民检察院、公安机关通知法律援助机构指派律师为犯罪嫌疑人、被告人提供辩护的，法律援助机构应当指派律师为其提供辩护。

对于可能被判处无期徒刑、死刑的案件，法律援助机构应当指派具有三年以上刑事辩护执业经历的律师担任辩护人。

对于未成年人刑事案件，法律援助机构应当指派熟悉未成年人身心特点的律师担任辩护人。

第十七条　人民法院审理强制医疗案件，被申请人或者被告人没有委托诉讼代理人的，应当通知法律援助机构指派律师为其提供法律帮助，法律援助机构应当指派律师为其提供法律援助。

第十八条　法律援助机构可以根据不同申请事项，采取下列不同方式提供法律援助：

（一）刑事辩护或者刑事代理；

（二）民事、行政诉讼代理；

（三）劳动争议仲裁、仲裁和其他非诉讼法律事务代理；

（四）代拟法律文书；

（五）提供法律咨询；

（六）法律、法规规定的其他方式。

案情简单、诉讼标的小的，法律援助机构可以指导当事人自行诉讼。

第三章　申请与受理

第十九条　公民申请法律援助应当填写法律援助申请表。

法律援助申请表由法律援助机构免费提供。

第二十条 公民申请代理、辩护或者代拟法律文书的法律援助应当提交下列申请材料：

（一）法律援助申请表；

（二）身份证或者其他有效的身份证明，代理申请人还应当提交有代理权的证明；

（三）经济困难申报材料；

（四）与所申请法律援助事项有关的材料。

公民应当如实提交申请材料，并对申请材料的真实性负责。申请法律咨询的，可以只提交前款第一项和第二项规定的申请材料。

第二十一条 申请人符合下列条件之一的，无须提交经济困难申报材料，但是应当提供相关证件或者证明材料：

（一）享受特困供养待遇的；

（二）领取最低生活保障金的；

（三）其家庭被认定为低收入困难家庭的；

（四）因意外事件、自然灾害或者其他特殊原因，导致其生活出现暂时困难，正在接受政府临时救济的；

（五）由政府出资供养或者由慈善机构出资供养的；

（六）困难残疾人家庭、重度残疾且无固定生活来源或者一户多残的；

（七）因民事诉讼向人民法院申请司法救助且获得批准的；

（八）因经济困难申请并获得法律援助之日起，一年内再次申请法律援助的；

（九）刑满释放、解除强制隔离戒毒后未就业、生活无着的；

（十）追索劳动报酬、工伤待遇的；

（十一）追索赡养费、抚养费、扶养费的；

（十二）其他根据国家和地方人民政府的有关规定应当视为经济困难的。

第二十二条　犯罪嫌疑人、被告人或者服刑人员申请法律援助，有下列情形之一的，无须提交经济困难申报材料：

（一）符合本条例第十三条、第十五条规定的情形之一的；

（二）申诉案件经人民法院决定再审或者重新审判的。

第二十三条　主张因见义勇为行为产生的民事权益申请法律援助的，申请人无须提交经济困难申报材料，但是应当提交被县级人民政府或者不设区的地级市人民政府见义勇为评定委员会认定为见义勇为的证明材料。

第二十四条　军人军属申请法律援助，有下列情形之一的，无须提交经济困难申报材料，但是应当提交相关证件或者证明材料：

（一）义务兵、供给制学员及军属；

（二）执行作战、重大非战争军事行动任务的军人及军属；

（三）烈士、因公牺牲军人、病故军人的遗属。

军队中的文职人员、非现役公勤人员、在编职工，由军队管理的离退休人员，以及执行军事任务的预备役人员和其他人员，因公致残的警察，因公牺牲或者病故的警察的家属，参照前款规定执行。

第二十五条　申请人为无民事行为能力人或者限制民事行为能力人的，由其法定代理人依法代为申请。没有法定代理人的，由申请人所在地的居民委员会、村民委员会、民政部门或者法律法规规定的单位或者人员代为申请。

第二十六条　被羁押的犯罪嫌疑人、被告人、服刑人员、强制隔离戒毒人员、被行政拘留人员申请法律援助的，可以通过人民法院、人民检察院、公安机关或者所在监狱、看守所、强制隔离戒毒所、拘留所提出。

相关单位应当在收到法律援助申请后二十四小时内，将申请转交有受理权的法律援助机构，并于三日内通知申请人的法定代理人、近亲属或者委托代理人协助向法律援助机构提供有关证件、证明等材料。

犯罪嫌疑人、被告人、服刑人员、强制隔离戒毒人员、被行政拘留人员没有法定代理人、近亲属，或者其法定代理人、近亲属无法通知的，相关单位应当在转交法律援助申请材料时一并告知有受理权的法律援助机构。

第二十七条 人民法院、人民检察院、公安机关通知辩护的刑事法律援助案件，由人民法院、人民检察院、公安机关所在地的同级司法行政部门所属法律援助机构统一受理。

人民法院通知代理的强制医疗案件，由人民法院所在地的同级司法行政部门所属法律援助机构统一受理。

第二十八条 非通知辩护、非通知代理的刑事诉讼案件，由办理案件的人民法院、人民检察院、公安机关所在地的同级司法行政部门所属法律援助机构受理；非刑事的诉讼案件，由有管辖权的人民法院所在地的同级司法行政部门所属法律援助机构受理。

劳动争议仲裁、仲裁案件，由办理案件的劳动争议仲裁机构、仲裁机构所在地的法律援助机构受理。

申请法律咨询的，由收到申请的法律援助机构受理。

申请其他法律事务的，由义务机关所在地、义务人住所地、被请求人住所地或者法律事务发生地的法律援助机构受理。

第二十九条 法律援助机构对不属于本机构受理范围的法律援助申请，应当告知申请人到有受理权的法律援助机构申请。

　　属于本省审理或者处理的法律援助事项，行动不便的残疾人可以向距离最近的法律援助机构提出申请，法律援助机构应当受理。对不属于本机构受理范围的，可以在受理后转交有受理权的法律援助机构受理。

　　第三十条　两个以上法律援助机构都有权受理的法律援助事项，申请人可以向其中一个法律援助机构申请。

　　申请人就同一事项向两个以上有权受理的法律援助机构提出申请的，由最先收到申请的法律援助机构受理。

　　法律援助机构之间发生受理争议时，由其共同的上一级法律援助机构决定。

　　第三十一条　法律援助机构受理申请后，对超出本机构办理能力的，可以报请上一级法律援助机构协调处理。

　　上一级法律援助机构认为必要的，可以受理本应由下一级法律援助机构受理的法律援助事项，也可以将其受理的法律援助事项交由下一级法律援助机构处理。

　　第三十二条　法律援助机构受理法律援助申请，应当进行登记，接收申请材料，出具接收凭证，注明日期。

第四章　审查与实施

　　第三十三条　法律援助机构应当自收到法律援助申请材料之日起三个工作日内进行审查，对申请事项在本省审理或者处理，符合法律援助经济困难标准的，作出给予法律援助决定并书面通知申请人；对不符合法律援助条件或者提供虚假证据、证件、经济困难申报材料的，作出不予法律援助决定并书面通知申请人。不予法律援助决定书应当载明不予法律援助的理由及申请人提出异议的权利。

　　对无须提交经济困难申报材料的法律援助申请，法律援助机构应当自收到申请材料之日起两个工作日内作出是否予以法律援助的决定。

对疑难复杂的案件，经法律援助机构负责人批准，可以延长三个工作日。

第三十四条 法律援助机构应当在作出给予法律援助决定时，确定提供法律援助的方式。

公民申请法律咨询的，法律援助机构应当即时办理，无须审查和作出法律援助决定。

第三十五条 法律援助机构经审查认为申请人提交的申请材料不齐全的，应当一次性告知申请人作出必要的补充或者说明材料。

法律援助机构经审查认为申请人提交的申请材料需要查证的，应当向有关单位进行调查核实，有关单位应当予以协助和配合。

申请人提供补充材料和法律援助机构调查核实的时间不计入审查决定期限。

第三十六条 负责审查法律援助申请的法律援助机构工作人员有下列情形之一的，应当回避：

（一）是法律援助事项的申请人、相对人或者申请人、相对人的近亲属；

（二）与申请法律援助事项有直接利害关系。

第三十七条 法律援助机构应当自作出给予法律援助决定之日起两个工作日内指派法律援助人员，并将确定的法律援助人员姓名、联系方式告知受援人。受援人无法联系的除外。

第三十八条 有下列情形之一的，法律援助机构可以决定先行提供法律援助：

（一）距法定时效届满不足七日，需要及时提起诉讼或者申请劳动争议仲裁、仲裁的；

（二）需要立即申请财产保全、证据保全或者先予执行的；

（三）其他紧急或者特殊情况。

可能造成社会秩序混乱，导致不良影响或者当事人可能面临生命安全危险的紧急情形，法律援助机构可以当即决定予以法律援助；法律服务机构也可以当即提供法律援助，同时报法律援助机构核准。

受援人应当在法律援助机构确定的期限内补交规定的申请材料。先行提供法律援助的受援人没有在规定的期限内补交申请材料，或者法律援助机构审查认为受援人不符合法律援助条件的，应当终止法律援助。

第三十九条 法律援助人员有下列情形之一的，法律援助机构应当撤销并另行指派法律援助人员：

（一）与承办的法律援助事项有利害关系；

（二）依法丧失辩护人或者代理人资格；

（三）在承办法律援助事项过程中被行政处分或者纪律处分；

（四）因疾病、出国留学、长期外出等特殊原因，无法继续承办法律援助事项；

（五）有本条例第五十三条规定的行为之一；

（六）依受援人申请，决定更换法律援助人员；

（七）其他有必要撤销并另行指派法律援助人员的情形。

第四十条 有下列情形之一的，法律援助机构应当决定终止法律援助：

（一）依申请提供法律援助的刑事案件，犯罪嫌疑人、被告人坚持自己辩护，拒绝法律援助机构指派的律师为其辩护；

（二）案件依法终止审理或者被撤销；

（三）受援人自行委托其他代理人或者辩护人；

（四）受援人要求终止法律援助的，但是应当通知辩护的情形除外；

（五）受援人利用法律援助从事违法活动；

（六）受援人故意隐瞒与案件有关的重要事实或者提供虚假证据、证件、不真实经济困难申报材料；

（七）受援人拒不签署应当由其本人签字的法律文书和有关材料，导致法律援助事项无法办理；

（八）受援人失去联系无法继续为其提供法律援助；

（九）法律、法规规定应当终止的其他情形。

第四十一条　法律援助机构决定终止法律援助的，应当将终止法律援助决定书送达受援人，同时函告法律援助人员所属单位和有关机关、单位。

第四十二条　法律援助人员在办结法律援助事项后，应当自结案之日起三十日内向法律援助机构提交结案归档文件材料。

第四十三条　法律援助机构应当自收到法律援助人员提交的结案归档文件材料之日起三十日内，按照办理法律援助事项补贴标准向法律援助人员支付办理法律援助事项补贴。经法律援助机构负责人批准，法律援助机构也可以根据办案需要于结案前先予支付办理法律援助事项补贴。

省司法行政部门会同省财政部门根据本省经济发展水平，参考办理各类法律援助事项的成本、基本劳务费用等因素制定办理法律援助事项补贴标准，并根据需要适时调整。地级以上市、县（市、区）可以根据本地经济发展水平，在省制定的补贴标准的基础上适当提高。

第五章　权利与义务

第四十四条　受援人在接受法律援助过程中，有权向法律援助机构和法律援助人员了解法律援助事项办理情况。

法律援助机构和法律援助人员应当及时向受援人通报法律援助事项办理情况。

第四十五条　法律援助人员在法律援助过程中不依法履行职责的，受援人可以申请更换法律援助人员。法律援助机构应当自受理申请之日起五个工作日内决定是否更换法律援助人员，并通知受援人。

第四十六条　法律援助机构决定提供法律援助的案件，受援人可以向人民法院、仲裁机构申请缓交、减交或者免交案件受理费、诉讼费、仲裁费。

第四十七条　受援人凭法律援助机构提供的有效证明申请办理公证、司法鉴定的，公证机构、司法鉴定机构受理后应当减收或者免收公证费用、司法鉴定费用。

受援人凭法律援助机构提供的有效证明申请勘验、评估、审计的，司法机关、行政机关和相关机构应当依照规定缓收、减收或者免收勘验费、评估费、审计费。

第四十八条　受援人应当配合法律援助机构和法律援助人员的工作，不得有下列行为：

（一）提供虚假证据材料；

（二）以欺骗手段获得法律援助；

（三）无正当理由要求更换法律援助人员；

（四）要求法律援助人员提出没有事实和法律依据的请求；

（五）干扰、妨碍法律援助人员办理法律援助事项或者威胁法律援助人员；

（六）其他不配合法律援助机构和法律援助人员的行为。

第四十九条　受援人将法律援助人员办理法律援助事项所需差旅费、文印费、交通通讯费、调查取证费等必要开支列入诉讼、仲裁请求，经人民法院判决或者仲裁机构裁决由非受援方承担的，受援人应当将收到的上述费用交法律援助机构纳入法律援助经费。

第五十条 律师、律师事务所应当依法履行法律援助义务。本地律师资源不足，无法满足法律援助需求的，由上一级司法行政部门组织协调。

基层法律服务工作者、基层法律服务所应当承担与其工作范围相适应的法律援助义务。

律师、基层法律服务工作者，律师事务所、基层法律服务所无正当理由不得拒绝承办本行政区域法律援助机构指派的法律援助事项。

第五十一条 法律援助人员在办理法律援助事项过程中，可以请求法律援助机构出具必要的证明材料或者与有关机关、单位进行协调，法律援助机构应当在职责范围内予以协助。

法律援助人员办理法律援助事项需要翻译、专家服务的，由法律援助机构协助提供。

第五十二条 法律援助人员应当按照法律援助机构要求报告法律援助事项办理情况。

法律援助事项有下列情形之一的，法律援助人员应当向法律援助机构报告：

（一）刑事法律援助案件的受援人拒绝其辩护或者代理；

（二）有依法应当终止法律援助的情形；

（三）涉及群体性事件；

（四）有重大社会影响；

（五）其他复杂、疑难情形。

第五十三条 法律援助人员在办理法律援助事项过程中，不得有下列行为：

（一）拖延办理法律援助事项；

（二）擅自终止或者转交他人办理法律援助事项；

（三）泄露在办理法律援助事项中知悉的国家秘密、商业秘密和当事人的隐私；

（四）向受援人收取财物或者牟取其他不正当利益；

（五）指使、煽动、教唆、诱导受援人采取非法手段解决争议和纠纷；

（六）与他人恶意串通侵害受援人合法权益。

第五十四条　法律援助机构应当开展公共法律教育，为公众提供法律信息，引导其依法表达诉求。

第五十五条　法律援助机构应当建立健全法律援助便民服务窗口，安排法律专业人员免费提供法律咨询服务。

法律援助机构应当在乡镇、街道、村（社区）、军队及法律援助需求集中的地区或者单位建立法律援助工作站点，在偏远地区和困难群众集中的地区设立流动工作站巡回受理法律援助申请，推行电话申请、网上申请、上门受理等服务方式，加强法律服务热线建设，运用网络平台和新兴传播工具，提供法律服务。

第五十六条　法律援助机构应当综合运用质量评估、庭审旁听、案卷检查、征询办案机关和回访受援人等方式，加强法律援助质量管理。

第五十七条　人民法院、人民检察院、公安机关、劳动人事争议调解机构、仲裁机构工作人员在办理案件过程中，应当及时告知当事人如果符合法律援助条件，有权获得法律援助。

看守所应当为法律援助律师会见犯罪嫌疑人提供便利条件。有条件的看守所，可以设立法律援助机构驻看守所工作站，向在押人员及其家属提供免费法律咨询或者接收法律援助申请。

第五十八条　法律援助机构在人民法院、监狱、看守所、拘留所等单位派驻值班律师提供法律援助的，相关单位应当予以协助。

第五十九条　民政、人力资源社会保障、国土资源、住房城乡建设、工商、税务、档案等部门应当加强与法律援助机构的协调配合和相关信息数据共享。

国家机关和有关单位对法律援助事项办理中利用档案资料进行的调查取证工作应当予以支持，查阅档案资料所涉及的费用，依照有关规定予以减免。

第六章　法律责任

第六十条　司法行政部门工作人员、法律援助机构及其工作人员、律师事务所和律师在法律援助过程中违反规定的，依照有关法律、法规承担相应的法律责任。

第六十一条　基层法律服务工作者有下列情形之一的，由司法行政部门给予处分；构成犯罪的，依法追究刑事责任：

（一）无正当理由拒绝接受法律援助案件的；

（二）拖延或者擅自终止、转交他人办理法律援助事项的；

（三）向受援人收取财物或者牟取其他不正当利益的；

（四）与他人恶意串通侵害受援人合法权益的。

向受援人收取的财物，由司法行政部门责令退还，可以并处所收财物价值一倍以上三倍以下的罚款。违法所得的其他不正当利益，由司法行政部门予以没收。

第六十二条　受援人以欺骗手段获得法律援助的，应当偿付法律服务费用；构成犯罪的，依法追究刑事责任。

第六十三条　法律援助机构未按照办理法律援助事项补贴标准向法律援助人员支付补贴的，由司法行政部门责令改正；

情节严重的，对直接负责的主管人员和其他直接责任人员依法给予处分。

第七章　附　则

第六十四条　军事法院、军事检察院以外的专门人民法院、专门人民检察院审理或者办理的法律援助案件，适用本条例。

第六十五条　本条例自 2016 年 4 月 1 日起施行。

最高人民法院、最高人民检察院、公安部、安全部、司法部关于印发《法律援助值班律师工作办法》的通知

最高人民法院、最高人民检察院、公安部、安全部、司法部关于印发《法律援助值班律师工作办法》的通知

（司规〔2020〕6号）

各省、自治区、直辖市高级人民法院、人民检察院、公安厅（局）、国家安全厅（局）、司法厅（局），解放军军事法院、军事检察院，新疆维吾尔自治区高级人民法院生产建设兵团分院、新疆生产建设兵团人民检察院、公安局、国家安全局、司法局：

为正确实施《中华人民共和国刑事诉讼法》关于值班律师的相关规定，完善值班律师工作机制，依法为没有辩护人的犯罪嫌疑人、被告人提供有效的法律帮助，促进公正司法和人权保障，最高人民法院、最高人民检察院、公安部、国家安全部、司法部制定了《法律援助值班律师工作办法》，现予印发，请结合实际贯彻执行。

最高人民法院

最高人民检察院

公安部

安全部

司法部

2020年8月20日

法律援助值班律师工作办法

第一章　总　则

第一条　为保障犯罪嫌疑人、被告人依法享有的诉讼权利，加强人权司法保障，进一步规范值班律师工作，根据《中华人民共和国刑事诉讼法》、《中华人民共和国律师法》等规定，制定本办法。

第二条　本办法所称值班律师，是指法律援助机构在看守所、人民检察院、人民法院等场所设立法律援助工作站，通过派驻或安排的方式，为没有辩护人的犯罪嫌疑人、被告人提供法律帮助的律师。

第三条　值班律师工作应当坚持依法、公平、公正、效率的原则，值班律师应当提供符合标准的法律服务。

第四条　公安机关（看守所）、人民检察院、人民法院、司法行政机关应当保障没有辩护人的犯罪嫌疑人、被告人获得值班律师法律帮助的权利。

第五条　值班律师工作由司法行政机关牵头组织实施，公安机关（看守所）、人民检察院、人民法院应当依法予以协助。

第二章　值班律师工作职责

第六条　值班律师依法提供以下法律帮助：

（一）提供法律咨询；

（二）提供程序选择建议；

（三）帮助犯罪嫌疑人、被告人申请变更强制措施；

（四）对案件处理提出意见；

（五）帮助犯罪嫌疑人、被告人及其近亲属申请法律援助；

（六）法律法规规定的其他事项。

值班律师在认罪认罚案件中，还应当提供以下法律帮助：

（一）向犯罪嫌疑人、被告人释明认罪认罚的性质和法律规定；

（二）对人民检察院指控罪名、量刑建议、诉讼程序适用等事项提出意见；

（三）犯罪嫌疑人签署认罪认罚具结书时在场。

值班律师办理案件时，可以应犯罪嫌疑人、被告人的约见进行会见，也可以经办案机关允许主动会见；自人民检察院对案件审查起诉之日起可以查阅案卷材料、了解案情。

第七条 值班律师提供法律咨询时，应当告知犯罪嫌疑人、被告人有关法律帮助的相关规定，结合案件所在的诉讼阶段解释相关诉讼权利和程序规定，解答犯罪嫌疑人、被告人咨询的法律问题。

犯罪嫌疑人、被告人认罪认罚的，值班律师应当了解犯罪嫌疑人、被告人对被指控的犯罪事实和罪名是否有异议，告知被指控罪名的法定量刑幅度，释明从宽从重处罚的情节以及认罪认罚的从宽幅度，并结合案件情况提供程序选择建议。

值班律师提供法律咨询的，应当记录犯罪嫌疑人、被告人涉嫌的罪名、咨询的法律问题、提供的法律解答。

第八条 在审查起诉阶段，犯罪嫌疑人认罪认罚的，值班律师可以就以下事项向人民检察院提出意见：

（一）涉嫌的犯罪事实、指控罪名及适用的法律规定；

（二）从轻、减轻或者免除处罚等从宽处罚的建议；

（三）认罪认罚后案件审理适用的程序；

（四）其他需要提出意见的事项。

值班律师对前款事项提出意见的，人民检察院应当记录在案并附卷，未采纳值班律师意见的，应当说明理由。

第九条 犯罪嫌疑人、被告人提出申请羁押必要性审查的，值班律师应当告知其取保候审、监视居住、逮捕等强制措施的适用条件和相关法律规定、人民检察院进行羁押必要性审查的程序；犯罪嫌疑人、被告人已经被逮捕的，值班律师可以帮助其向人民检察院提出羁押必要性审查申请，并协助提供相关材料。

第十条 犯罪嫌疑人签署认罪认罚具结书时，值班律师对犯罪嫌疑人认罪认罚自愿性、人民检察院量刑建议、程序适用等均无异议的，应当在具结书上签名，同时留存一份复印件归档。

值班律师对人民检察院量刑建议、程序适用有异议的，在确认犯罪嫌疑人系自愿认罪认罚后，应当在具结书上签字，同时可以向人民检察院提出法律意见。

犯罪嫌疑人拒绝值班律师帮助的，值班律师无需在具结书上签字，应当将犯罪嫌疑人签字拒绝法律帮助的书面材料留存一份归档。

第十一条 对于被羁押的犯罪嫌疑人、被告人，在不同诉讼阶段，可以由派驻看守所的同一值班律师提供法律帮助。对于未被羁押的犯罪嫌疑人、被告人，前一诉讼阶段的值班律师可以在后续诉讼阶段继续为犯罪嫌疑人、被告人提供法律帮助。

第三章 法律帮助工作程序

第十二条 公安机关、人民检察院、人民法院应当在侦查、审查起诉和审判各阶段分别告知没有辩护人的犯罪嫌疑人、被告人有权约见值班律师获得法律帮助，并为其约见值班律师提供便利。

第十三条 看守所应当告知犯罪嫌疑人、被告人有权约见值班律师，并为其约见值班律师提供便利。

看守所应当将值班律师制度相关内容纳入在押人员权利义务告知书，在犯罪嫌疑人、被告人入所时告知其有权获得值班律师的法律帮助。

犯罪嫌疑人、被告人要求约见值班律师的，可以书面或者口头申请。书面申请的，看守所应当将其填写的法律帮助申请表及时转交值班律师。口头申请的，看守所应当安排代为填写法律帮助申请表。

第十四条 犯罪嫌疑人、被告人没有委托辩护人并且不符合法律援助机构指派律师为其提供辩护的条件，要求约见值班律师的，公安机关、人民检察院、人民法院应当及时通知法律援助机构安排。

第十五条 依法应当通知值班律师提供法律帮助而犯罪嫌疑人、被告人明确拒绝的，公安机关、人民检察院、人民法院应当记录在案。

前一诉讼程序犯罪嫌疑人、被告人明确拒绝值班律师法律帮助的，后一诉讼程序的办案机关仍需告知其有权获得值班律师法律帮助的权利，有关情况应当记录在案。

第十六条 公安机关、人民检察院、人民法院需要法律援助机构通知值班律师为犯罪嫌疑人、被告人提供法律帮助的，应当向法律援助机构出具法律帮助通知书，并附相关法律文书。

单次批量通知的，可以在一份法律帮助通知书后附多名犯罪嫌疑人、被告人相关信息的材料。

除通知值班律师到羁押场所提供法律帮助的情形外，人民检察院、人民法院可以商法律援助机构简化通知方式和通知手续。

第十七条　司法行政机关和法律援助机构应当根据当地律师资源状况、法律帮助需求，会同看守所、人民检察院、人民法院合理安排值班律师的值班方式、值班频次。

值班方式可以采用现场值班、电话值班、网络值班相结合的方式。现场值班的，可以采取固定专人或轮流值班，也可以采取预约值班。

第十八条　法律援助机构应当综合律师政治素质、业务能力、执业年限等确定值班律师人选，建立值班律师名册或值班律师库。并将值班律师库或名册信息、值班律师工作安排，提前告知公安机关（看守所）、人民检察院、人民法院。

第十九条　公安机关、人民检察院、人民法院应当在确定的法律帮助日期前三个工作日，将法律帮助通知书送达法律援助机构，或者直接送达现场值班律师。

该期间没有安排现场值班律师的，法律援助机构应当自收到法律帮助通知书之日起两个工作日内确定值班律师，并通知公安机关、人民检察院、人民法院。

公安机关、人民检察院、人民法院和法律援助机构之间的送达及通知方式，可以协商简化。

适用速裁程序的案件、法律援助机构需要跨地区调配律师等特殊情形的通知和指派时限，不受前款限制。

第二十条　值班律师在人民检察院、人民法院现场值班的，应当按照法律援助机构的安排，或者人民检察院、人民法院送达的通知，及时为犯罪嫌疑人、被告人提供法律帮助。

犯罪嫌疑人、被告人提出法律帮助申请，看守所转交给现场值班律师的，值班律师应当根据看守所的安排及时提供法律帮助。

值班律师通过电话、网络值班的，应当及时提供法律帮助，疑难案件可以另行预约咨询时间。

第二十一条　侦查阶段，值班律师可以向侦查机关了解犯罪嫌疑人涉嫌的罪名及案件有关情况；案件进入审查起诉阶段后，值班律师可以查阅案卷材料，了解案情，人民检察院、人民法院应当及时安排，并提供便利。已经实现卷宗电子化的地方，人民检察院、人民法院可以安排在线阅卷。

第二十二条　值班律师持律师执业证或者律师工作证、法律帮助申请表或者法律帮助通知书到看守所办理法律帮助会见手续，看守所应当及时安排会见。

危害国家安全犯罪、恐怖活动犯罪案件，侦查期间值班律师会见在押犯罪嫌疑人的，应当经侦查机关许可。

第二十三条　值班律师提供法律帮助时，应当出示律师执业证或者律师工作证或者相关法律文书，表明值班律师身份。

第二十四条　值班律师会见犯罪嫌疑人、被告人时不被监听。

第二十五条　值班律师在提供法律帮助过程中，犯罪嫌疑人、被告人向值班律师表示愿意认罪认罚的，值班律师应当及时告知相关的公安机关、人民检察院、人民法院。

第四章　值班律师工作保障

第二十六条　在看守所、人民检察院、人民法院设立的法律援助工作站，由同级司法行政机关所属的法律援助机构负责派驻并管理。

看守所、人民检察院、人民法院等机关办公地点临近的，法律援助机构可以设立联合法律援助工作站派驻值班律师。

看守所、人民检察院、人民法院应当为法律援助工作站提供必要办公场所和设施。有条件的人民检察院、人民法院，可以设置认罪认罚等案件专门办公区域，为值班律师设立专门会见室。

第二十七条 法律援助工作站应当公示法律援助条件及申请程序、值班律师工作职责、当日值班律师基本信息等，放置法律援助格式文书及宣传资料。

第二十八条 值班律师提供法律咨询、查阅案卷材料、会见犯罪嫌疑人或者被告人、提出书面意见等法律帮助活动的相关情况应当记录在案，并随案移送。

值班律师应当将提供法律帮助的情况记入工作台账或者形成工作卷宗，按照规定时限移交法律援助机构。

公安机关（看守所）、人民检察院、人民法院应当与法律援助机构确定工作台账格式，将值班律师履行职责情况记录在案，并定期移送法律援助机构。

第二十九条 值班律师提供法律帮助时，应当遵守相关法律法规、执业纪律和职业道德，依法保守国家秘密、商业秘密和个人隐私，不得向他人泄露工作中掌握的案件情况，不得向受援人收取财物或者谋取不正当利益。

第三十条 司法行政机关应当会同财政部门，根据直接费用、基本劳务费等因素合理制定值班律师法律帮助补贴标准，并纳入预算予以保障。

值班律师提供法律咨询、转交法律援助申请等法律帮助的补贴标准按工作日计算；为认罪认罚案件的犯罪嫌疑人、被告人提供法律帮助的补贴标准，由各地结合本地实际情况按件或按工作日计算。

法律援助机构应当根据值班律师履行工作职责情况，按照规定支付值班律师法律帮助补贴。

第三十一条 法律援助机构应当建立值班律师准入和退出机制，建立值班律师服务质量考核评估制度，保障值班律师服务质量。

法律援助机构应当建立值班律师培训制度，值班律师首次上岗前应当参加培训，公安机关、人民检察院、人民法院应当提供协助。

第三十二条 司法行政机关和法律援助机构应当加强本行政区域值班律师工作的监督和指导。对律师资源短缺的地区，可采取在省、市范围内统筹调配律师资源，建立政府购买值班律师服务机制等方式，保障值班律师工作有序开展。

第三十三条 司法行政机关会同公安机关、人民检察院、人民法院建立值班律师工作会商机制，明确专门联系人，及时沟通情况，协调解决相关问题。

第三十四条 司法行政机关应当加强对值班律师的监督管理，对表现突出的值班律师给予表彰；对违法违纪的值班律师，依职权或移送有权处理机关依法依规处理。

法律援助机构应当向律师协会通报值班律师履行职责情况。

律师协会应当将值班律师履行职责、获得表彰情况纳入律师年度考核及律师诚信服务记录，对违反职业道德和执业纪律的值班律师依法依规处理。

第五章 附 则

第三十五条 国家安全机关、中国海警局、监狱履行刑事诉讼法规定职责，涉及值班律师工作的，适用本办法有关公安机关的规定。

第三十六条 本办法自发布之日起施行。《关于开展法律援助值班律师工作的意见》（司发通 ［2017］ 84 号）同时废止。

中华人民共和国法律援助法

中华人民共和国主席令

（第九十三号）

《中华人民共和国法律援助法》已由中华人民共和国第十三届全国人民代表大会常务委员会第三十次会议于 2021 年 8 月 20 日通过，现予公布，自 2022 年 1 月 1 日起施行。

中华人民共和国主席　习近平

2021 年 8 月 20 日

中华人民共和国法律援助法

（2021 年 8 月 20 日第十三届全国人民代表大会常务委员会第三十次会议通过）

目　录

第六章　法律责任

第七章　附　则

第一章　总　则

第一条　为了规范和促进法律援助工作，保障公民和有关当事人的合法权益，保障法律正确实施，维护社会公平正义，制定本法。

第二条　本法所称法律援助，是国家建立的为经济困难公民和符合法定条件的其他当事人无偿提供法律咨询、代理、刑事辩护等法律服务的制度，是公共法律服务体系的组成部分。

第三条　法律援助工作坚持中国共产党领导，坚持以人民为中心，尊重和保障人权，遵循公开、公平、公正的原则，实行国家保障与社会参与相结合。

第四条　县级以上人民政府应当将法律援助工作纳入国民经济和社会发展规划、基本公共服务体系，保障法律援助事业与经济社会协调发展。

县级以上人民政府应当健全法律援助保障体系，将法律援助相关经费列入本级政府预算，建立动态调整机制，保障法律援助工作需要，促进法律援助均衡发展。

第五条　国务院司法行政部门指导、监督全国的法律援助工作。县级以上地方人民政府司法行政部门指导、监督本行政区域的法律援助工作。

县级以上人民政府其他有关部门依照各自职责，为法律援助工作提供支持和保障。

第六条　人民法院、人民检察院、公安机关应当在各自职责范围内保障当事人依法获得法律援助，为法律援助人员开展工作提供便利。

第七条　律师协会应当指导和支持律师事务所、律师参与法律援助工作。

第八条　国家鼓励和支持群团组织、事业单位、社会组织在司法行政部门指导下，依法提供法律援助。

第九条　国家鼓励和支持企业事业单位、社会组织和个人等社会力量，依法通过捐赠等方式为法律援助事业提供支持；对符合条件的，给予税收优惠。

第十条　司法行政部门应当开展经常性的法律援助宣传教育，普及法律援助知识。

新闻媒体应当积极开展法律援助公益宣传，并加强舆论监督。

第十一条　国家对在法律援助工作中做出突出贡献的组织和个人，按照有关规定给予表彰、奖励。

第二章　机构和人员

第十二条　县级以上人民政府司法行政部门应当设立法律援助机构。法律援助机构负责组织实施法律援助工作，受理、审查法律援助申请，指派律师、基层法律服务工作者、法律援助志愿者等法律援助人员提供法律援助，支付法律援助补贴。

第十三条　法律援助机构根据工作需要，可以安排本机构具有律师资格或者法律职业资格的工作人员提供法律援助；可以设置法律援助工作站或者联络点，就近受理法律援助申请。

第十四条　法律援助机构可以在人民法院、人民检察院和看守所等场所派驻值班律师，依法为没有辩护人的犯罪嫌疑人、被告人提供法律援助。

第十五条　司法行政部门可以通过政府采购等方式，择优选择律师事务所等法律服务机构为受援人提供法律援助。

第十六条　律师事务所、基层法律服务所、律师、基层法律服务工作者负有依法提供法律援助的义务。

律师事务所、基层法律服务所应当支持和保障本所律师、基层法律服务工作者履行法律援助义务。

第十七条　国家鼓励和规范法律援助志愿服务；支持符合条件的个人作为法律援助志愿者，依法提供法律援助。

高等院校、科研机构可以组织从事法学教育、研究工作的人员和法学专业学生作为法律援助志愿者，在司法行政部门指导下，为当事人提供法律咨询、代拟法律文书等法律援助。

法律援助志愿者具体管理办法由国务院有关部门规定。

第十八条　国家建立健全法律服务资源依法跨区域流动机制，鼓励和支持律师事务所、律师、法律援助志愿者等在法律服务资源相对短缺地区提供法律援助。

第十九条　法律援助人员应当依法履行职责，及时为受援人提供符合标准的法律援助服务，维护受援人的合法权益。

第二十条　法律援助人员应当恪守职业道德和执业纪律，不得向受援人收取任何财物。

第二十一条　法律援助机构、法律援助人员对提供法律援助过程中知悉的国家秘密、商业秘密和个人隐私应当予以保密。

第三章　形式和范围

第二十二条　法律援助机构可以组织法律援助人员依法提供下列形式的法律援助服务：

（一）法律咨询；

（二）代拟法律文书；

（三）刑事辩护与代理；

（四）民事案件、行政案件、国家赔偿案件的诉讼代理及非诉讼代理；

（五）值班律师法律帮助；

（六）劳动争议调解与仲裁代理；

（七）法律、法规、规章规定的其他形式。

第二十三条　法律援助机构应当通过服务窗口、电话、网络等多种方式提供法律咨询服务；提示当事人享有依法申请法律援助的权利，并告知申请法律援助的条件和程序。

第二十四条　刑事案件的犯罪嫌疑人、被告人因经济困难或者其他原因没有委托辩护人的，本人及其近亲属可以向法律援助机构申请法律援助。

第二十五条　刑事案件的犯罪嫌疑人、被告人属于下列人员之一，没有委托辩护人的，人民法院、人民检察院、公安机关应当通知法律援助机构指派律师担任辩护人：

（一）未成年人；

（二）视力、听力、言语残疾人；

（三）不能完全辨认自己行为的成年人；

（四）可能被判处无期徒刑、死刑的人；

（五）申请法律援助的死刑复核案件被告人；

（六）缺席审判案件的被告人；

（七）法律法规规定的其他人员。

其他适用普通程序审理的刑事案件，被告人没有委托辩护人的，人民法院可以通知法律援助机构指派律师担任辩护人。

第二十六条　对可能被判处无期徒刑、死刑的人，以及死刑复核案件的被告人，法律援助机构收到人民法院、人民检察院、公安机关通知后，应当指派具有三年以上相关执业经历的律师担任辩护人。

第二十七条　人民法院、人民检察院、公安机关通知法律援助机构指派律师担任辩护人时，不得限制或者损害犯罪嫌疑人、被告人委托辩护人的权利。

第二十八条 强制医疗案件的被申请人或者被告人没有委托诉讼代理人的，人民法院应当通知法律援助机构指派律师为其提供法律援助。

第二十九条 刑事公诉案件的被害人及其法定代理人或者近亲属，刑事自诉案件的自诉人及其法定代理人，刑事附带民事诉讼案件的原告人及其法定代理人，因经济困难没有委托诉讼代理人的，可以向法律援助机构申请法律援助。

第三十条 值班律师应当依法为没有辩护人的犯罪嫌疑人、被告人提供法律咨询、程序选择建议、申请变更强制措施、对案件处理提出意见等法律帮助。

第三十一条 下列事项的当事人，因经济困难没有委托代理人的，可以向法律援助机构申请法律援助：

（一）依法请求国家赔偿；

（二）请求给予社会保险待遇或者社会救助；

（三）请求发给抚恤金；

（四）请求给付赡养费、抚养费、扶养费；

（五）请求确认劳动关系或者支付劳动报酬；

（六）请求认定公民无民事行为能力或者限制民事行为能力；

（七）请求工伤事故、交通事故、食品药品安全事故、医疗事故人身损害赔偿；

（八）请求环境污染、生态破坏损害赔偿；

（九）法律、法规、规章规定的其他情形。

第三十二条 有下列情形之一，当事人申请法律援助的，不受经济困难条件的限制：

（一）英雄烈士近亲属为维护英雄烈士的人格权益；

（二）因见义勇为行为主张相关民事权益；

（三）再审改判无罪请求国家赔偿；

（四）遭受虐待、遗弃或者家庭暴力的受害人主张相关权益；

（五）法律、法规、规章规定的其他情形。

第三十三条 当事人不服司法机关生效裁判或者决定提出申诉或者申请再审，人民法院决定、裁定再审或者人民检察院提出抗诉，因经济困难没有委托辩护人或者诉讼代理人的，本人及其近亲属可以向法律援助机构申请法律援助。

第三十四条 经济困难的标准，由省、自治区、直辖市人民政府根据本行政区域经济发展状况和法律援助工作需要确定，并实行动态调整。

第四章 程序和实施

第三十五条 人民法院、人民检察院、公安机关和有关部门在办理案件或者相关事务中，应当及时告知有关当事人有权依法申请法律援助。

第三十六条 人民法院、人民检察院、公安机关办理刑事案件，发现有本法第二十五条第一款、第二十八条规定情形的，应当在三日内通知法律援助机构指派律师。法律援助机构收到通知后，应当在三日内指派律师并通知人民法院、人民检察院、公安机关。

第三十七条 人民法院、人民检察院、公安机关应当保障值班律师依法提供法律帮助，告知没有辩护人的犯罪嫌疑人、被告人有权约见值班律师，并依法为值班律师了解案件有关情况、阅卷、会见等提供便利。

第三十八条　对诉讼事项的法律援助，由申请人向办案机关所在地的法律援助机构提出申请；对非诉讼事项的法律援助，由申请人向争议处理机关所在地或者事由发生地的法律援助机构提出申请。

第三十九条　被羁押的犯罪嫌疑人、被告人、服刑人员，以及强制隔离戒毒人员等提出法律援助申请的，办案机关、监管场所应当在二十四小时内将申请转交法律援助机构。

犯罪嫌疑人、被告人通过值班律师提出代理、刑事辩护等法律援助申请的，值班律师应当在二十四小时内将申请转交法律援助机构。

第四十条　无民事行为能力人或者限制民事行为能力人需要法律援助的，可以由其法定代理人代为提出申请。法定代理人侵犯无民事行为能力人、限制民事行为能力人合法权益的，其他法定代理人或者近亲属可以代为提出法律援助申请。

被羁押的犯罪嫌疑人、被告人、服刑人员，以及强制隔离戒毒人员，可以由其法定代理人或者近亲属代为提出法律援助申请。

第四十一条　因经济困难申请法律援助的，申请人应当如实说明经济困难状况。

法律援助机构核查申请人的经济困难状况，可以通过信息共享查询，或者由申请人进行个人诚信承诺。

法律援助机构开展核查工作，有关部门、单位、村民委员会、居民委员会和个人应当予以配合。

第四十二条　法律援助申请人有材料证明属于下列人员之一的，免予核查经济困难状况：

（一）无固定生活来源的未成年人、老年人、残疾人等特定群体；

（二）社会救助、司法救助或者优抚对象；

（三）申请支付劳动报酬或者请求工伤事故人身损害赔偿的进城务工人员；

（四）法律、法规、规章规定的其他人员。

第四十三条 法律援助机构应当自收到法律援助申请之日起七日内进行审查，作出是否给予法律援助的决定。决定给予法律援助的，应当自作出决定之日起三日内指派法律援助人员为受援人提供法律援助；决定不给予法律援助的，应当书面告知申请人，并说明理由。

申请人提交的申请材料不齐全的，法律援助机构应当一次性告知申请人需要补充的材料或者要求申请人作出说明。申请人未按要求补充材料或者作出说明的，视为撤回申请。

第四十四条 法律援助机构收到法律援助申请后，发现有下列情形之一的，可以决定先行提供法律援助：

（一）距法定时效或者期限届满不足七日，需要及时提起诉讼或者申请仲裁、行政复议；

（二）需要立即申请财产保全、证据保全或者先予执行；

（三）法律、法规、规章规定的其他情形。

法律援助机构先行提供法律援助的，受援人应当及时补办有关手续，补充有关材料。

第四十五条 法律援助机构为老年人、残疾人提供法律援助服务的，应当根据实际情况提供无障碍设施设备和服务。

法律法规对向特定群体提供法律援助有其他特别规定的，依照其规定。

第四十六条 法律援助人员接受指派后，无正当理由不得拒绝、拖延或者终止提供法律援助服务。

法律援助人员应当按照规定向受援人通报法律援助事项办

理情况，不得损害受援人合法权益。

第四十七条　受援人应当向法律援助人员如实陈述与法律援助事项有关的情况，及时提供证据材料，协助、配合办理法律援助事项。

第四十八条　有下列情形之一的，法律援助机构应当作出终止法律援助的决定：

（一）受援人以欺骗或者其他不正当手段获得法律援助；

（二）受援人故意隐瞒与案件有关的重要事实或者提供虚假证据；

（三）受援人利用法律援助从事违法活动；

（四）受援人的经济状况发生变化，不再符合法律援助条件；

（五）案件终止审理或者已经被撤销；

（六）受援人自行委托律师或者其他代理人；

（七）受援人有正当理由要求终止法律援助；

（八）法律法规规定的其他情形。

法律援助人员发现有前款规定情形的，应当及时向法律援助机构报告。

第四十九条　申请人、受援人对法律援助机构不予法律援助、终止法律援助的决定有异议的，可以向设立该法律援助机构的司法行政部门提出。

司法行政部门应当自收到异议之日起五日内进行审查，作出维持法律援助机构决定或者责令法律援助机构改正的决定。

申请人、受援人对司法行政部门维持法律援助机构决定不服的，可以依法申请行政复议或者提起行政诉讼。

第五十条　法律援助事项办理结束后，法律援助人员应当及时向法律援助机构报告，提交有关法律文书的副本或者复印件、办理情况报告等材料。

第五章　保障和监督

第五十一条　国家加强法律援助信息化建设，促进司法行政部门与司法机关及其他有关部门实现信息共享和工作协同。

第五十二条　法律援助机构应当依照有关规定及时向法律援助人员支付法律援助补贴。

法律援助补贴的标准，由省、自治区、直辖市人民政府司法行政部门会同同级财政部门，根据当地经济发展水平和法律援助的服务类型、承办成本、基本劳务费用等确定，并实行动态调整。

法律援助补贴免征增值税和个人所得税。

第五十三条　人民法院应当根据情况对受援人缓收、减收或者免收诉讼费用；对法律援助人员复制相关材料等费用予以免收或者减收。

公证机构、司法鉴定机构应当对受援人减收或者免收公证费、鉴定费。

第五十四条　县级以上人民政府司法行政部门应当有计划地对法律援助人员进行培训，提高法律援助人员的专业素质和服务能力。

第五十五条　受援人有权向法律援助机构、法律援助人员了解法律援助事项办理情况；法律援助机构、法律援助人员未依法履行职责的，受援人可以向司法行政部门投诉，并可以请求法律援助机构更换法律援助人员。

第五十六条　司法行政部门应当建立法律援助工作投诉查处制度；接到投诉后，应当依照有关规定受理和调查处理，并及时向投诉人告知处理结果。

第五十七条　司法行政部门应当加强对法律援助服务的监督，制定法律援助服务质量标准，通过第三方评估等方式定期进行质量考核。

第五十八条　司法行政部门、法律援助机构应当建立法律援助信息公开制度，定期向社会公布法律援助资金使用、案件办理、质量考核结果等情况，接受社会监督。

第五十九条　法律援助机构应当综合运用庭审旁听、案卷检查、征询司法机关意见和回访受援人等措施，督促法律援助人员提升服务质量。

第六十条　律师协会应当将律师事务所、律师履行法律援助义务的情况纳入年度考核内容，对拒不履行或者怠于履行法律援助义务的律师事务所、律师，依照有关规定进行惩戒。

第六章　法律责任

第六十一条　法律援助机构及其工作人员有下列情形之一的，由设立该法律援助机构的司法行政部门责令限期改正；有违法所得的，责令退还或者没收违法所得；对直接负责的主管人员和其他直接责任人员，依法给予处分：

（一）拒绝为符合法律援助条件的人员提供法律援助，或者故意为不符合法律援助条件的人员提供法律援助；

（二）指派不符合本法规定的人员提供法律援助；

（三）收取受援人财物；

（四）从事有偿法律服务；

（五）侵占、私分、挪用法律援助经费；

（六）泄露法律援助过程中知悉的国家秘密、商业秘密和个人隐私；

（七）法律法规规定的其他情形。

第六十二条 律师事务所、基层法律服务所有下列情形之一的，由司法行政部门依法给予处罚：

（一）无正当理由拒绝接受法律援助机构指派；

（二）接受指派后，不及时安排本所律师、基层法律服务工作者办理法律援助事项或者拒绝为本所律师、基层法律服务工作者办理法律援助事项提供支持和保障；

（三）纵容或者放任本所律师、基层法律服务工作者怠于履行法律援助义务或者擅自终止提供法律援助；

（四）法律法规规定的其他情形。

第六十三条 律师、基层法律服务工作者有下列情形之一的，由司法行政部门依法给予处罚：

（一）无正当理由拒绝履行法律援助义务或者怠于履行法律援助义务；

（二）擅自终止提供法律援助；

（三）收取受援人财物；

（四）泄露法律援助过程中知悉的国家秘密、商业秘密和个人隐私；

（五）法律法规规定的其他情形。

第六十四条 受援人以欺骗或者其他不正当手段获得法律援助的，由司法行政部门责令其支付已实施法律援助的费用，并处三千元以下罚款。

第六十五条 违反本法规定，冒用法律援助名义提供法律服务并谋取利益的，由司法行政部门责令改正，没收违法所得，并处违法所得一倍以上三倍以下罚款。

第六十六条 国家机关及其工作人员在法律援助工作中滥用职权、玩忽职守、徇私舞弊的，对直接负责的主管人员和其他直接责任人员，依法给予处分。

第六十七条 违反本法规定，构成犯罪的，依法追究刑事责任。

第七章 附 则

第六十八条 工会、共产主义青年团、妇女联合会、残疾人联合会等群团组织开展法律援助工作，参照适用本法的相关规定。

第六十九条 对外国人和无国籍人提供法律援助，我国法律有规定的，适用法律规定；我国法律没有规定的，可以根据我国缔结或者参加的国际条约，或者按照互惠原则，参照适用本法的相关规定。

第七十条 对军人军属提供法律援助的具体办法，由国务院和中央军事委员会有关部门制定。

第七十一条 本法自 2022 年 1 月 1 日起施行。